コミュニケーション・ストレス

男女のミゾを科学する

黒川伊保子
Kurokawa Ihoko

PHP新書

ハラスメントが起こる前に、コミュニケーション・ストレスが生じている。
男女の仲がこじれる前に、コミュニケーション・ストレスが生じている。
コミュニケーション・ストレスの正体を解明し、それを限りなくゼロにしたい。
30年来、それが私の願いであった。

今、誰かと共に生きるすべてのひとに、この本を贈ります。

はじめに　——人類最大の謎

人は、なぜわかりあえないのか。
男と女は、なぜすれ違うのか。
——人類最大の謎を解く。

人類の大テーマだが、その答えは、いたってシンプルだ。

脳には、**「プロセス指向共感型」**という使い方と、**「ゴール指向問題解決型」**という二種類の使い方がある。
これらは脳神経信号の走り方がまったく違い、同時同質には使えないため、脳は、あらかじめ「とっさに使う側」を決めている。

そして、生存戦略にのっとって、ほとんどの女性は「プロセス指向共感型」に、ほとんどの男性は「ゴール指向問題解決型」に初期設定されている。このため、とっさに別々のものを見て、とっさに別々の答えを出す。

すなわち、男女は、別々のミッションを遂行されるようにデザインされた、ペアの装置なのである。

炊飯器とオーブントースターのように違う。じっくり温度を上げる炊飯器と、いきなり高熱を発するオーブントースターの「正義」は一致しない。どちらが正しいかを言い争うと、一生折り合いはつかない。ふっくらご飯を炊くミッションと、カリカリトーストを焼くミッション……そもそもの使命が違うのだから。

とはいえ、一つの台所に、炊飯器が二つ（あるいはオーブントースターが二つ）あってもしかたない。男女は違っているからこそ、一緒にいる甲斐がある。けれど、やっぱり、どこまで行ってもわかりあえはしない（この理論を知らない限り）。

これが、男女のミゾの正体である。

こう書くと、本当に簡単だ。

ほんの数ページで、語り尽くせる理論なのである。

「はじめに」の立ち読みで済ませてもいいなと思わせるくらいのシンプルさ（微笑）

けれど、ゆめゆめ油断なさるな。

世界中で何千年も男女はすれ違ってきたのに、今の今まで、その謎が解けないできた理由があるのである。今この瞬間も、地球上で天文学的な数の夫婦喧嘩《げんか》が展開されているはずなのに。

ヒトの脳には「感性の呪縛」があり、どうしたって、自分が正しく、相手が愚かに見えるようにできている。生き残るための大事な脳の基本機能だ。それが、男女理解を阻むのである。

私がたまさか「感性の呪縛」を乗り越えられたのは、人工知能に人間のありようを教える手法を研究していたからだ。「男のありよう」と「女のありよう」、そのどちらにも、人類の生存を維持する大事な機能があることに気づいたから。

そんな私でも、研究室を一歩出て、女心の鏡でこの世を見れば、男の理不尽（本当は濡れ衣だけど）に泣くのである。

「感性の呪縛」を解き、相手にも正しさがあることがじんわり身に染みるまでの道のりに、あくまでも理で寄り添う。それが、この本の使命である。

（情と理で寄り添う黒川伊保子本は、他にたくさん出版しているので、ぜひ、そちらもお楽しみください）

ここに、男女間コミュニケーションの教科書を残そうと思う。

私が言うのもなんだけど、間違いなく、人類必読の書である。だって、本当に生きるのが楽になるもの。多くの方に、あまねく享受していただきたいと、心から願っている。

それでは、「人生を変える扉」を、どうぞ、お開けください。

コミュニケーション・ストレス――目次

第2章 感性のしくみ 33

第3章　対話ストレス　67

4-2 ストレス・イーブンの原理② 「できない」には理由がある 162

第5章 共感障害――新たなコミュニケーション・ストレスの火種 217

第1章

男女の脳は違うのか、違わないのか

まずは、男女間コミュニケーションを語るときに、必ず質《ただ》されるこの命題から片付けておこう——男女の脳は、違うのか、違わないのか。

男女の脳は、共に全機能搭載可能

それがスタティックに違うのか（どちらか、あるいは双方に機能欠損があるのか）という質問なら、私の答えは一貫して一つである。

男女の脳は、違わない。どちらも、全機能搭載可能で生まれてくる。どちらも、何でもできる。

とっさの使い方には性差がある

ただし、**脳が緊張したとき、とっさに使う感性の回路の選択が違うのである。**生殖戦略に直結した感性の回路は、その戦略が異なる哺乳類の雄と雌では、当然、使い方が違う。人類の男女もこれを免れない。

このため、平常時にはわかり合えるふたりが、有事に真逆の反応をする。

女性には、こんな経験がよくある——
優しい恋人が、ひどい目に遭った私を、きっとなぐさめてくれると思ったのに、「きみも、こうするべきだったね」と言ってがっかりさせる。私は悪くないのに、あの人は他人の肩を持つ。ひどすぎる……。

けれど、これを愛の欠如と見るのは、不当である。「目の前の人の欠点を正して、いち早く混乱から救う」のは、長らく男性が生き残るための第一手段だったからだ。しかし、多くの女性は、「男性脳の進化の歴史」など関知しないから、深く傷ついてしまう。これこそが、男女のミゾである。

男女の脳は違わないが、とっさの使い方が真逆の戦略をとる。そこには、明らかに性差がある。そういう意味では、脳には性差があるのだ。

第三の脳

ただし、脳の性差は、必ずしも身体の性差と一致するわけではない。少数派ながら、異性の感性を選択する脳が搭載されている場合もある。

それは、マジョリティの男性とも女性とも違う第三の脳であり、太古の昔から一定数生まれてきている。だとするならば、それもまた、人類の戦略の一つだと言えるのではないだろうか。マジョリティとは違う脳が一定数混じることで、人類は、その生存可能性を広げてきたはずである。

この本では、マジョリティの男女間で起こるコミュニケーション・ストレスを論じるが、マイノリティの感性を排除しているわけではない。

むしろ、マイノリティの方たちは、その感性を強く使っていたりする。私のゲイの友人たちは、私なんかよりずっと女性脳的な使い方をする。あくまでも「脳の性差」で読んでいただくと、LGBTの方や、そのパートナーにも参考にしていただけるはずである。

ちなみに、男性が女性脳的感性の使い方をする（共感し、危機回避能力が高い）からと言って、必ずしも性的嗜好が反転するわけじゃない。

男らしく生きながら、繊細なプロセス解析力を持ち、直感的な判断がうまくできる才覚の持ち主として認められる人も多い。

産まない女性は、未完成などではない

「産まない女性」についても一言。

「子どもを産んで、女は一人前」のような言い方をする人がいるが、それは違う。

たしかに、妊娠・出産・授乳によって、女性の脳は、ホルモンの劇的な変化に見舞われて位相を変え、うまくいけば、繊細さとタフさを兼ね備えることになる。さら

に、子どもに、自分の資源（時間、意識、手間）のすべてを捧げるために、かなり偏ったものの見方をするようになる。大切なものへの共感力を極限まで上げるのだ。この能力がなければ、子どもは育て上げられない。この能力は、仕事においては、顧客や市場への共感力として、功を奏することも多い。

しかし、産まない女性の時間だって止まっているわけじゃない。脳には、出産子育て以外の経験が降り積もっていく。その経験が、彼女たちを繊細にしてタフにしていく。

産まない女性は、公平さを保ったまま成熟していく。女性が生まれつき持っている母性の機能を、周囲に照らすように公平に使えるのである。多くの組織で、産まない女性たちが、組織を束ねる要《かなめ》になったりしている。昔から、世界中の宗教が産まない女性を確保してきたのには（シスター、尼僧、巫女《みこ》など）、きっと理由がある。

この本では、女性脳型の感性の使い方の典型例として、子育て中の女性を例に挙げることもあるが、それは、「使い方が振り切った例」として便利だからだ。けっして、産まない女性を排除しているわけではないことを、ここで述べておきたい。

性差に目をつぶれば、コミュニケーション・ストレスはなくならない

——男女の脳は違うのか、違わないのか。

この命題への正式な回答は、**「機能的には違わないが、とっさの使い方が真逆になることがある」**である。

ただし、とっさの使い方の違いに、コミュニケーション・ストレスの要因のほぼすべてが集約されていると言っても過言ではない。

男女の脳は違わないなんて言っていると、男女のミゾは永久に埋められない。

感性とは、「生き残るため」の脳の羅針盤である

この本では、「感性」を、**「脳が、無意識のうちに、とっさに使う神経回路特性」**と定義づける。「脳が緊張したとき、生き残るためにとる手段」である。

その「とっさの使い方」を人工知能の手法に基づいて追究していくと、ヒトが脳の中に、「二つの感性モデル」を内在しているのがわかる。

逆に言えば、感性には二軸しかないのである。

この世には、千差万別の感性があるわけじゃない。二つの感性モデルの使用比率や、使用機会の違いによって、バリエーションが生じている。

ただし、五感から入ってくる情報のレンジ（適正領域）には、多彩なバリエーションがある。

砂漠に生まれた者は、テラコッタの色（赤茶色系）を、瞬時に何十種類も見分けるという。日本人には、どこまでも同じに見える砂漠の風景が、彼らには違って見えるのだ。何の変哲もない砂漠のど真ん中で、砂漠の民たちは待ち合わせをする。異国の民にはとんとわからなくても、彼らには、特別な風景に見える場所なのだろう。

逆に、緑豊かな海洋国に生まれた日本人は、青や緑の色を瞬時に何十種類も見分けている。私たちは漁師でなくても潮目を読み、雑木林の木々の名を知らなくても、それらが別々の種類であることは瞬時にわかる。おそらく、砂漠の民は、日本人の「緑系や青系の色名の多さ」にあきれるに違いない。

日本人から見れば砂漠の民は「テラコッタ色を見分ける天才」で、逆は「緑色を見分ける天才」に見えるのに違いない。

同様に、音楽家の家で育った子どもたちは音を聞き分け、芸能の家で育った子どもたちは、芸の筋を見分ける。料理上手な母親に育てられれば、料理の筋がよくなり、支配的な親の下で育てば、人の顔色を窺《うかが》う天才になる。

それは、感性への入力情報のレンジの差である。**感度は、「その人が生きる環境において、生きるために必要」とされる領域に、突出して高くなる。**

そういう意味では、ここに生き残っている以上、誰でも、何らかの「感じる天才」なのである。それが、お金を生む領域か、そうでないかの差はあるにせよ。

一般に、芸術の領域に使える入力レンジを持つ人だけを、人は「感性が豊か」というが、それは違う。テロ多発地帯で生き残る感性も、日がな一日のんびり暮らせる感性も、すべて感性であり、本来ならば「ある特定の環境で、生き残る才能の高い人」すべてを、「感性豊か」というべきだ。

なぜなら、感性は、「生き残るため」に用意された、脳の羅針盤だから。

感性の基本回路

生き残るための術《すべ》として、最も大事なのは、「ことが起こって、脳が緊張したとき」どうするかだ。すなわち、「脳が緊張したとき、脳がとっさに選ぶ神経回路」が、感性の基本回路なのである。

この回路は、大きく分けて、二つしかない。

「欠点を見つけ出す」ことによって「すばやい問題解決」を生み出し、**「有事の危機対応力を上げる回路」**と、

「共感し合う」ことによって「深い気づき」を生み出し、**「平時の危機回避力を上げる回路」**と。

この脳の二軸から勘案するに、危機回避力と危機対応力、この二つが、生物の生存可能性を上げる究極の二機能なのだろう。

脳は、あらかじめ「とっさに使う側」を決めている

干渉し合う競合機能がペアで脳の中に内在するとき、脳は、あらかじめ「とっさに使う側」を決めておかないと危ない。

たとえば、利き手がなかったら、どうだろう。

脳が、右半身と左半身をまったくイーブン（同等）に感覚認知してしまったら、身体の真ん中に飛んでくる石をとっさに避けられない。「どちらに避ければいいのか」の計算がなかなか収束しないからだ。石の方だって、左右に微妙にぶれながら飛んでくるしね。落ちてくるものをつかむのも一緒である。落ちてくるものを目視してから、右手を出すか左手か、どちらの回転角が少なくて済むかなんて計算していたら、神経系の処理は間に合わない。

転ぶときも同様だ。とっさに出す手、とっさに引く側が決まっているからこそ、ヒトは、危険物を避け、獲物をつかみ取り、転んでも大けがをしない。逆に言えば、利き手のない人類は生き残れないのである。その証拠に、利き手のない人類はいないはずだ。

は危ない。

男女の感性が真っ二つに分かれた理由

同様に、脳が緊張した瞬間に、危機回避力を使うか、危機対応力を使うかを迷うのは危ない。

荒野で危険な目に遭いながら進化してきた男性脳は、とっさに危機対応力を使う。仲間の欠点を躊躇《ちゅうちょ》なく指摘して、命を救うコミュニケーションである。沼に踏み出そうとしている人間に、共感している暇はないからだ。

一方、哺乳類のメスである女性は、女同士の密なコミュニケーションの中で、おっぱいを融通し合い、子育ての知恵を出し合って、系全体の生存可能性を上げてきた。**こちらは、とっさに共感し合い、危機回避能力を使うほうが生き残れるのである。**仲間の欠点を躊躇なく指摘して、事を荒立てたり、戦いに勝って、恐れられて遠巻きにされてしまったら、おっぱいを融通してもらえなくなり、ちょっとした暮らしの知恵をもらえなくなって、一気に生存可能性が下がってしまう。

何万年にもわたって、躊躇なく仲間を正してきた男性が生き残り、とっさに共感し

合える女性が多く子孫を残してきたのである。その果てに21世紀の男女がいる。男女の「とっさの感性回路の使い方」が二手に分かれるのも、なんら不思議はない。

むしろ、何万年も生存戦略が違ってきた二つの脳の感性を「変わらない」と言う根拠のほうが、私には見つけられない。

ダイバーシティ・インクルージョンの要

とはいえ、感性のミゾは、男女間でのみ起きているわけじゃない。

たとえば、「過酷な環境の中で、何世代も生き抜いてきた者たち」と「比較的恵まれた環境の中で、何世代も生きてきた者たち」との間でも、回路の使用比率が違う。

前者は、「目の前のことに白黒つける」ことにこだわり、後者は、「長い目で見た成果のためには、目の前のことは、ときにうやむやにするのも利である」と捉える。この二者の間で、政治的な接点を見つけるのは至難の業だ。

このように、国や民族間の相容れなさもまた、感性軸の使い方の違いが生んでいることが多い。この本では、男女間コミュニケーションに特化しており、民族間コミュニケーションについては触れないが、そこへの示唆《しさ》を多く含んでいると自負している。

そもそも、男と女は、感性の二軸に振り切った関係であり、感性の二軸を学ぶのに、最も適したモデルである。男女間コミュニケーションの達人になれば、民族間コミュニケーションの適応力も上げられる。

「男女のミゾ」の解消は、この世のコミュニケーション・ギャップを解消するための、要の鍵なのである。

「ダイバーシティ・インクルージョン（多様性の容認）といえば男女だけじゃないよね、そこに特化するのはおかしいんじゃない？」とおっしゃる諸兄諸姉（私から見たら諸弟諸妹か）の皆さまも、まずは、男女間コミュニケーションに向き合っていただきたい。

そこには、どこまでも生き延びようとする真摯《しんし》な仕組みがあり、感動的ですらある。人工知能の開発者としては、生身の脳の「美しくも正しい仕組み」に、ただただ驚嘆するばかりだ。人工知能の存在など、この脳の存在意義に比べたら、吹けば飛ぶようなものに見える。

まとめ

◇男女の脳は、機能的には違わない。どちらも全機能搭載可能である
◇ただし、脳が緊張したときのとっさの使い方には、明らかに性差がある
◇「とっさの使い方」の違いこそが、すべてのコミュニケーション・ストレスの要因である

第2章

感性のしくみ

これから述べる感性論は、人工知能の研究から生まれた。

人工知能に、ヒトの感性（「とっさの言動」「とっさの快・不快」の構造）を教えるために、ヒトの脳をシステム論で追究する研究がその母体である。私は、この研究分野にブレイン・サイバネティクスという呼び名を与えた。「ブレイン・サイバネティクス」とは、生物学と工学の融合領域を示す用語で、サイバーの語源でもある。「サイバネティクス」は脳科学と人工知能の融合領域において、ヒトの感性の解明をめざす学術分野を指す。

ブレイン・サイバネティクスのアプローチは、脳生理学や心理学のアプローチとは異なり、「境界線の見極め」や「障害の治療」をその目的としていない。「多くの男性（女性）が、とっさにしてしまうこと、感じること」をポジティブに類型化している。数学や物理学の公式のように、実践で使える「コミュニケーションの公式」として捉えていただくのが、この理論の正しい使い方である。

ヒトの感性を、これから述べる二つのモデルで定義すると、人工知能に人間の感性のありようを理解させることができ、理想のコミュニケーション機能を搭載できる。

さらには、生身の男女にも、男女のミゾの正体を知らせることができ、コミュニケーション・ストレスを解消できる。これについては、私は、〝圧倒的な臨床例〟を有している。なにせ、男女脳の専門家と呼ばれて20年の歴史があるので。

この二点をもって、私は、ヒトの脳には、二つの感性モデルが内在すると言い切る。


残念ながら、感性、すなわち、脳のとっさの使い方は、画像には映らない。電気信号の履歴は映せても、それが「深い気づきを生む回路」や「問題解決を急ぐ回路」に当たることを直接的に示す方法はない。ましてや死んだ脳を解剖してもわからない。

物理学が、惑星や素粒子の規則性を見出すことから、宇宙創生の謎を解くように、感性の脳科学にも、日常のささやかな規則性を見出して、その根源の謎を解くセンスがいる。

医学生理学フィールドと違って、理学工学フィールドは、見たり触れたりできるも

感性の二軸

脳が緊張したとき、とっさに使う回路には2種類ある

プロセス指向共感型	ゴール指向問題解決型
感情によって記憶を想起し、**プロセス**を解析することによって**深い気づき**を生み出す回路	**事実**を客観的に把握し、**ゴール**を定め、**問題解決**を急ぐ回路
コミュニケーション・スタイルは **共感**	コミュニケーション・スタイルは **指摘**

のだけで成り立ってはいないのだ。

私の感性の脳科学を学んで、それを他者に伝える際に、どこかの偉い先生に、「男女の違い？　そんなものは、脳のどこにあるのか。画像に映るのか。男女脳論は科学じゃない」と攻撃されても、どうかひるまないで。「これは、ものの見方の科学なのです。この見方をすれば、現実問題が解ける。数学の公式や物理の運動方程式のようなものと思ってください。使って有用なら、使ってください。役に立たないと思えば、使わなければいい。それだけのことです」とクールにかわせばいい。

ブツを見なければ信用しないという人に、

「事例の再現性」をもって一定の証明とするセンスは、永久にわからない。そこと真正面から戦わないことである。

では、話を進めよう。

感性の2モデル（とっさの脳の使い方2種）とは、**プロセス指向共感型**と、**ゴール指向問題解決型**である。

2-1 プロセス指向共感型

プロセス指向共感型とは、感情トリガーを使って、プロセス解析することを旨とする脳の使い方である。

プロセス指向共感型は、「深い気づき」のための感性モデル

感情をトリガー（引き金）にして、記憶を想起すると、脳は記憶を再体験する。最初の体験のときには気づかないことに気づくのである。

「私がこう言ったら、あの人にこう言われて……めちゃ、腹立つわ～」というふうに記憶を想起すると、「そういえば、あの一言で、急にあの人がムキになった」なんてことに気づく。

のちに詳しく述べるが、対話において感情トリガーをうまく使うには、話し相手に共感してもらうことが大事。感情トリガーが発動しやすくなり、脳の緊張が解けて、

潜在意識で起こった「深い気づき」が表層化しやすくなる。

感情トリガーは、リスクヘッジの鍵

さらに、感情トリガーには、もう一つ特徴がある。**過去の類似記憶を瞬時に引き出すこともできるのだ。**

いくばくかの体験記憶には、心の動き（感情、情動、気分）が見出しについている。この感情の見出しを、感情キーと呼ぶ。心の動きがあったとき、これをトリガーにして（感情トリガー）、同じ感情キーが付いている記憶を引っ張ってくるのである。

たとえば、ふと不安を感じたとき、過去の同様の不安と共に格納されている記憶を瞬時に取り出すことができる。「これって、お父さんが倒れる前の感じに似てない？すぐに病院に行かなきゃ」のように。

つまり、感情トリガーを駆使する脳は、日常生活の中に潜む危機に気づき、大ごとになる前に対処することが得意なのである。しかも、ほぼ無意識のうちに。

感情キー型データベース

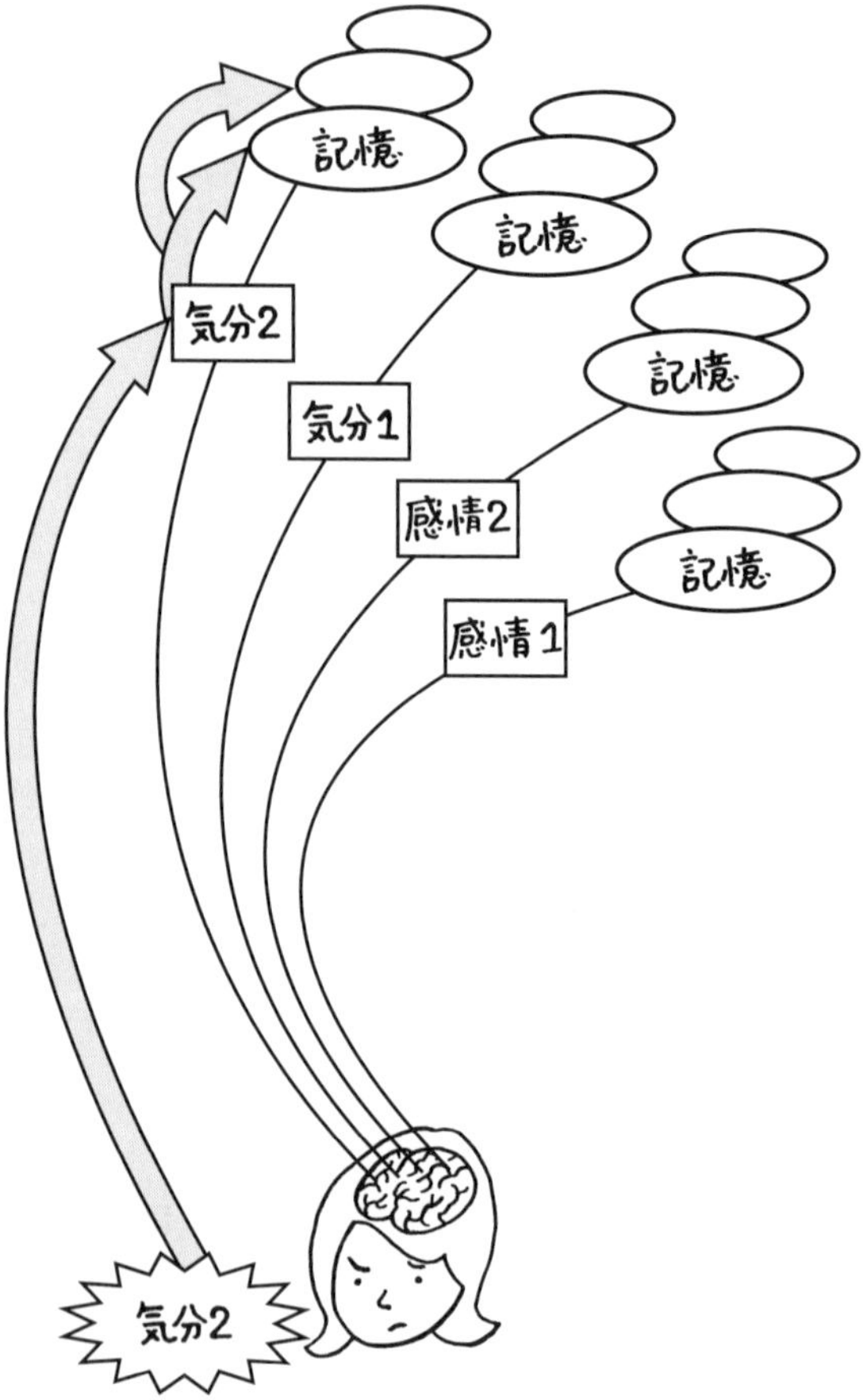

感情トリガーは、リスクヘッジ（危機回避力）の鍵と言っても過言ではない。

蒸し返しの天才？

ただし、この能力、はたから見たら、厄介に見えることがある。何十年も前の、今さら言ってもしょうがないことを、何度も瑞々《みずみず》しく思い出すからだ。再体験するから細部まで思い出せる。新たな発見さえある。夫が何か無神経な発言をすると、過去の無神経な発言を瞬時に引き出してきて、ときには分析し直して見せる。

このように、感情トリガーを発動させやすい状態の脳は、はたから見れば、「愚痴を垂れ流す」、「蒸し返しの天才」のように見える。

しかし、これを愚行と侮ってはいけない。

この行為の裏には、「深い気づき」と、飛びぬけたリスクヘッジ能力があるのである。

女性の脳は、プロセス指向共感型を優先する傾向がある

もうとっくにお気づきだと思うが、女性は、とっさに感情トリガーを使う人が多い

のだ。古来、子育てを担当していた女性の暮らしの中では、「深い気づき」や「リスクヘッジ」のほうが、目の前の白黒をつけることよりずっと、命にかかわることだったからだろう。

感情トリガーを駆使する、プロセス指向共感型。それは、深い気づきによって、人間関係のバランスをとり、無意識のリスクヘッジを繰り返して、家族や仲間を守り抜く、脳の使い方である。さらに後に述べるが、家事のようなマルチタスクをストレスレスでこなすための素養でもある。

長い授乳期間を余儀なくされる人類の女性たちは、おそらく何万年も前から、女同士の密なコミュニケーションの中で、おっぱいを融通し合い、子育ての知恵を出し合ってきた。共感しあうことで、それを実現してきたのである。

女たちが生存可能性を上げるための真髄が、女性脳にはゆるぎなく搭載されている。何万年もの生殖（その能力が高い女性脳が多く子孫を残す）というフィルターによって、研ぎ澄まされてきたのである。

「共感」は、感情トリガーのアシスト役

女性たちが対話において共感（「わかる、わかる」）を多用するのも、感情トリガーが発動しやすい脳の持ち主だからだ。話し相手が「気持ち」を語ると、同じ気持ちと共にある記憶を瞬時に引き出して、同調してあげることができるのである。

さらに、他者の体験談に共感すると、その体験記憶に感情キーが付帯するので、共感型の対話は、感情キー付き記憶を量産できる。

公園で赤ちゃんを連れた母親たちが立ち話をしているシーンを思い浮かべてほしい。ある母親が「先週、うちの子が熱を出したの。真夜中にぐんぐん上がって40度近くなって……」と言ったら、他の母親たちも冷静ではいられない。「えーっ、それは怖いね」と身震いしながら話を聞く。ここで「なるほど、40度ですね。それから？」と冷静に事情聴取する母親はそういない。

なぜなら**ここでは、共感が何より重要なのだ。**感情が起これば、今聞いた体験談に

感情キーが付帯する。感情キーが付帯した記憶は、のちに感情トリガーによって瞬時に想起できる。「思い余って119番に電話したら、救急相談センターに電話しろって言われてね、いろいろアドバイスしてもらって、とにかく〇〇したわけ」なんていう話を、自分の子どもに同様の事態が起こった際に、すばやく思い出せるのである。

しかも、感情キー付き記憶は、時系列の中に埋もれない。何十年経っても、瑞々しく再体験する。孫にもひ孫にも、瞬時に使える。

何十年も前の「夫のひどい一言」を、今ここで起こったかのように言い出す能力を思い返してみればいい。あれと同じことを、家族の命を救うシーンで多用しているのである。

「過去の過ち」を、何度も蒸し返されている方へ

蒸し返しは、とっさの反射神経で起こるものである。止めろと言われても、止められない。しかも、思い出せば、毎回瑞々しく傷ついている。つまり、100回思い出せば、100回傷ついているので、100回あやまらなければならないのである。責

められた側にとっては卑怯に思えるかもしれないが、意図的に武器として使っているのではない。

妻の蒸し返しは、子育て期間は強く働くが（子育てには感情トリガーが不可欠だからだ）、やがて少し緩慢になる。しかも、見限った相手には発動しない。蒸し返されたら、彼女の母性と愛の証《あかし》だと思って、あやまってあげてほしい。

こういうときのために、**「仲直りのアイテム」**（定番のお菓子とか、定番の家事手伝いとか）を作っておくと便利かも。蒸し返されてあやまってもなお、家庭内の空気が重かったら、近くのコンビニまで行って、彼女の好きなブランドのアイスクリームを買ってくる。判で押したようにそうしていると、負の記憶（たった一回の過ち）が、正の記憶（変わらぬ誠実）に変わることもある。

もしも、職場で、過去の過ちを何度も蒸し返されているとしたら、それは、よほどそのことが心にひっかかっているのである。やがて、恨みや蔑《さげす》みに変わる危険な種だと思ったほうがいい。

この場合は、蒸し返されたときでないいい平常時に、しみじみとあやまることだ。出張やランチのお供をしたときにでも、「きみには、あのとき、酷なことを言ったな」とか「あのとき、僕は○○すべきでしたね。今になって改めて、部長のことばが身にしみます」とか。

もちろん妻や恋人にも、散歩やドライブしながら、「あのとき、あんなことを言ってごめん。悲しかったよね」と。うまくいけば、蒸し返しが消える。

蒸し返されたときにあやまっても、それは〝利子〟を払っているに過ぎない。〝元本〟は、「なんでもない、そこそこしあわせな平常時」にあやまることでしか返せない。

プロセス指向共感型は、右脳と左脳の連携がいい

プロセス指向共感型の脳は、右脳（感じる領域）と左脳（顕在意識）の連携信号を駆使する。感情（右脳）をトリガーにして、過去の記憶を想起（左脳）したり、感情（右脳）の見出しをつけて、認識した事実（左脳）を格納したりするためだ。

神経信号図比較

女性脳

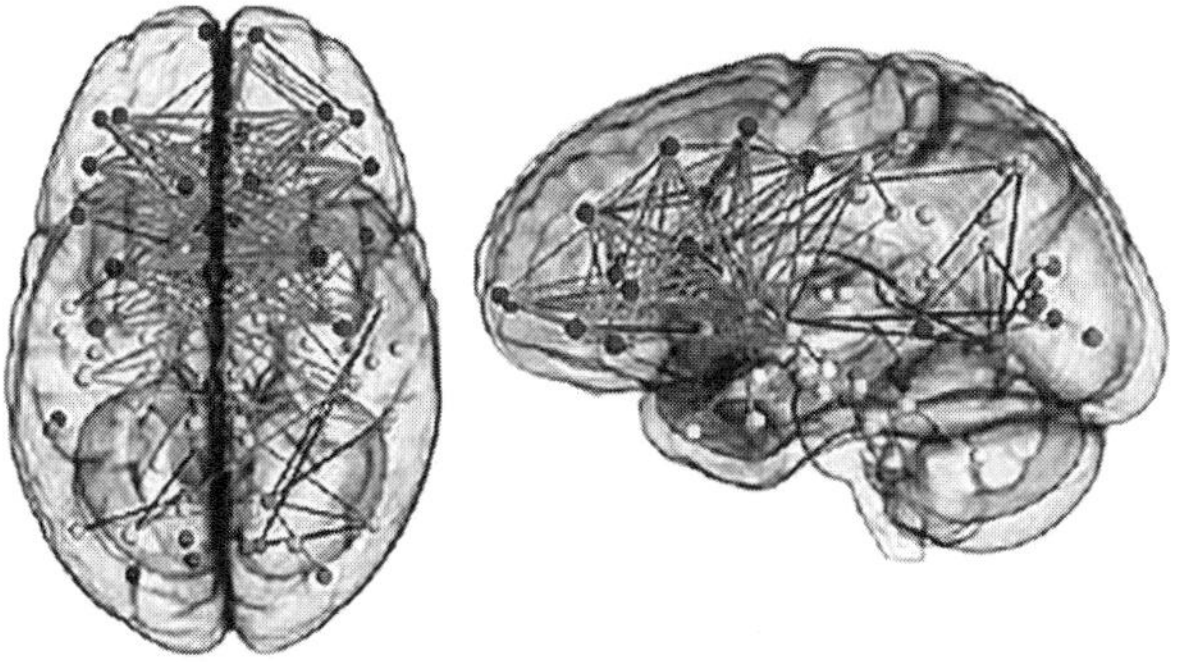

左右の脳（横の）連携が顕著

男性脳

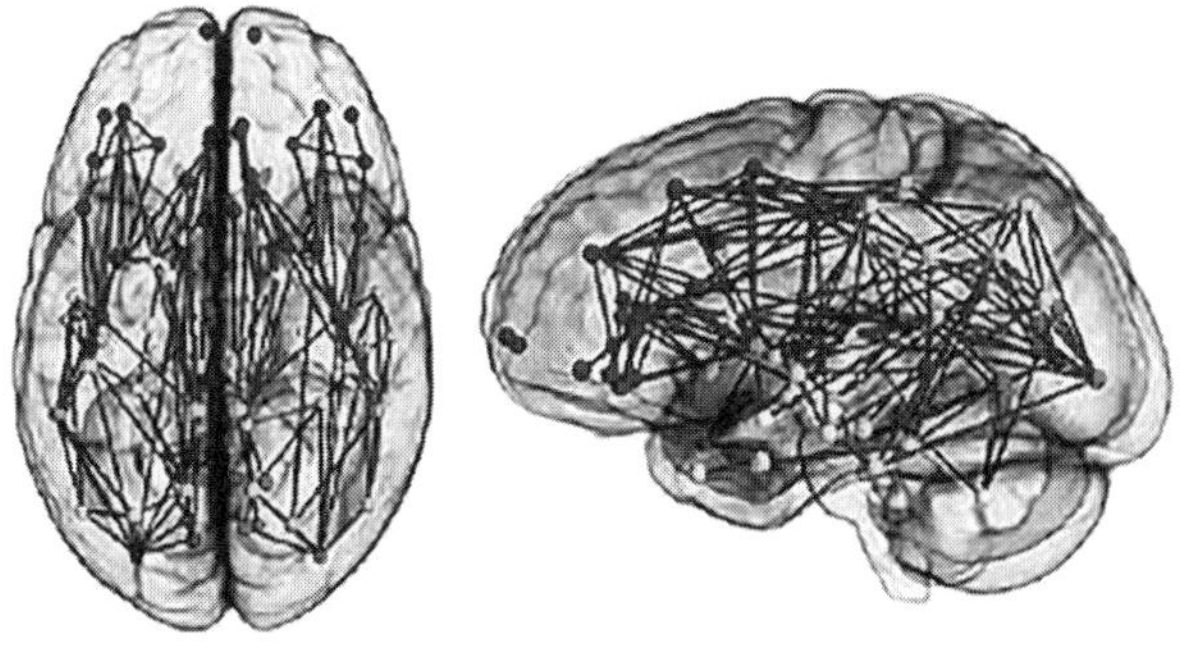

脳の前部から後部にかけて縦に深い連携が顕著

出典：Madhura Ingalhalikar,Ragini Verma et al. PNAS 2014;111:823-828
“Sex differences in the structural connectome of the human brain”

逆に言うと、右左脳連携がいいと、脳はプロセス指向共感型で使われやすい。これを証明した写真がある。

2014年に米国ペンシルベニア大学が発表した男女脳の神経信号図（前ページ）によれば、女性の脳では、右左脳連携信号が激しく使われる傾向にあるのが確認できる。

そもそも、右脳と左脳を連携する神経線維《しんけいせんい》の束「脳梁《のうりょう》」自体が、女性の脳は、男性の脳に比べて太いとする論文もいくつか見受けられる。

全機能搭載可能でありながら、とっさには、プロセス指向共感型になりやすい――これが「女性脳」の定義と言って、おそらく間違いはない。

まとめ

◇プロセス指向共感型は、感情トリガーを駆使して、プロセス解析（過去の記憶を精査）する回路特性

◇共感し合うことによって「深い気づき」を生み出し、平時の危機回避力を上げる使い方である

◇感情キーをうまく使うためには、「共感」が不可欠

◇女性の多くが、とっさにプロセス指向共感型を優先させる傾向にある

◇「蒸し返し」は、プロセス解析能力の高さの証

2-2 ゴール指向問題解決型

ゴール指向問題解決型とは、目標達成に集中するための脳の使い方である。

ゴール指向問題解決型は、「目標にロックオン」するための感性モデル

ゴール指向型の脳は、意識の最初に、目標（ゴール）を見定める。ロックオンと言ったほうがふさわしい。目標だけが鮮明に見え、それ以外が見えにくくなるからだ。

そして、その目標を達成するための危険因子を瞬時に見分け、速攻で対処する。危険因子が見当たらなければ、躊躇なく足を踏み出す。

判断が速く、有事の対応力に長けているのが、この神経回路の特徴だ。

人の気持ちがわからない？

目標にロックオンするためには、空間認知の領域を使う。

それが物理空間（たとえば獲物）であれ、概念空間（たとえばビジネス案件）であれ、その目標の位置情報を明らかにしなければならないからだ。それは、「遠く、大きな」案件なのか、「近く、小さな」案件なのか。周辺案件と比較して、その達成難易度も計らなければならない。危険な動きをする者もいち早く察知しなければならない。

これを的確にこなすためには、今、脳に展開した思念空間に集中する必要がある。**「身辺のごちゃごちゃ」や「過去のうんぬん」に気を取られている暇はないのである。**そこは、プロセス指向型の脳にきっぱりと任せたい。こちらを巻き込まないでほしい。それが切なる願いだ。

つまり、「目の前のものが探せない」「目の前の人の気持ちを察することができない」「話を聞いてない」は、優秀なゴール指向問題解決型脳の特性なのである。これを許してもらえないと、残念なことに、この脳の問題解決力はみるみる落ちてしまう。

男性の脳は、ゴール指向問題解決型を優先する傾向がある

空間認知力を駆使する、ゴール指向問題解決型。

それは、荒野に出て、危険な目に遭いながら、仲間と自分を瞬時に救いつつ、確実に狩りの成果を出して帰ってくるための、脳の使い方である。

男たちが生存可能性を上げるための真髄が、男性脳にはゆるぎなく搭載されている。何万年もの生殖（その能力が高い男性脳が多く子孫を残す）というフィルターによって、研ぎ澄まされてきたのである。

先に述べたペンシルベニア大学発表の男女脳の神経信号図を見ると、男性の脳の典型的な使い方とされる図では、右脳と左脳の信号を断っている様子が窺える。

右脳は感じる領域、五感から入ってきた情報を統合してイメージに代える領域である。これを、脳の中心にある脳梁を介して、左脳に持ってくることで顕在化させる。

右脳と左脳の連携信号が一本もないということは、「五感に入ってくる情報を感知してはいるが、それが何かを認知していない」ことになる。

ということは、この被験者、はたから見れば、ぼうっとして見えるはず。

なのに、脳の神経信号の様子は、**「究極の活性状態」**である。脳を上下にも奥行きにも、広く深く使い、空間認知の領域を駆使しているのがわかる。
つまり、「目の前のごちゃごちゃを気にせずに、脳の空間認知領域を究極なまでに精査している状態」と言える。

ゴール指向問題解決型の脳は高性能レーダーである

現実空間から意識をふんわりと外して、脳の仮想空間を精密に使う。まるで、センサーの情報を現実空間の画像に重ねる、自動車のバック誘導画面のような機能（あるいは、スターウォーズの戦闘機乗りが、武器の照準を決めるときに使う人工知能レーダーのような機能）をこの脳は有しているのである……！

狩りの獲物に照準を定めるとき、地図もGPSもない時代に地の果てまで行って、元の場所に帰ってくるとき、男たちは、この、「現実空間」からしばし意識を浮かして「脳の仮想空間」を精査する機能を使ってきたに違いない。「現実空間」と「仮想空間」がぴたりと重なった瞬間、男たちは躊躇なく、全力で踏み出す。

日々の「ぼんやり」は、その「意識を浮かす」のエクササイズだったのである。

とはいえ、もちろん、ゴール指向問題解決型は、男性脳だけの機能じゃない。女性にも、その能力を高く使う者がいる。つまり、「ぼんやり」も、厳密には男性の専売特許じゃないのだ。「男たちのレーダー機能」を礼賛して、「男たちのぼんやり」を許すキャンペーンをする以上、これを付け加えておかなきゃね。

女子大の物理学科にいた私は（物理学科にして、クラスメートが全員女性なのである！）、理系の女子たちは、男子並みにぼんやりする人が多いのを経験で知っている。「女子のぼんやり」だって、大目に見てほしい。

無我の境地とはいかなるものか

男性の脳の神経信号図の写真を最初に見たとき、私は、ある僧侶のことばを思い出した。文筆家としても高名な釈《しゃく》徹宗《てつしゅう》氏である。

「無我の境地とはいかなるものですか？」という私の質問に対し、なんとも見事な回答をくださったのだ。

曰く——黒川先生、それはね、目の前を蟻《あり》が通り過ぎたとする。**その蟻の黒い点が網膜には映るが、蟻と認知しない状態です。**

脳の機能を追究する女性研究者に、この回答は奇跡と言っていい。のちに、男性脳の信号図を見て、このことばの意味を「目で見て納得する」ことになったのだから。そしてここに、「男たちへの深い理解」が生まれた。

戦国武将は、なぜ座禅を組んだのか

そう、男たちが、日ごろぼんやりするのは（テレビのニュースを観ながらぼうっとしたり、妻の話についてこられなくてぼうっとするのは）、無我の境地なのである。目の前の「世俗」から離れて、脳を精査している瞬間なのだ。

おそらく、これをすることによって、空間認知力を研ぎ澄ましている。日ごろ、ぼうっとする才能が高い男子こそが、とっさの判断力、有事の危機対応力が速く的確なのに違いない。

その証拠に、戦国の武将たちは、座禅を組んだではないか。わざわざ、ぼうっとする時間を作って、空間認知力を鍛えたのである。脳の「レーダー機能」を充実させるために。ゴール指向問題解決型の回路を活性化させるために。センサーもレーダーもない時代、リーダーの一瞬の判断が、組織の存亡を決めたのだから。

しかしながら、政治力には、プロセス指向共感型の感性も必要である。世俗を見抜くのに長けた能力。

歴史に名を残す名将たちは、二つの感性をハイブリッドで使えるタイプか、自分に欠けた素養を補佐する参謀（妻・愛人も含む）を持っていたか、そのいずれかだと思う。

脳と組織力

21世紀にも、ゴール指向問題解決型は、意思決定者に必須の素養だ。

取締役会を構成するボードメンバーは、日々多くの案件をジャッジしている。取締役会全体には、ゴール指向問題解決型を優先して使えるようにしておく必要がある。

もちろん、プロセス指向共感型を排除するのも危ないが、その適正使用比率はイーブンではない。企業の性質にもよるが、経営戦略会議全体の使用比率は、プロセス指向共感型が多くとも30％以下でなければ回らないだろう。

しかしながら、それは、女性取締役が30％以下でないといけない、という意味じゃない。何度も言うが、身体の男女と、脳の男女は必ずしも一致しない。

ボードメンバーは、ゴール指向問題解決型でありながらプロセス指向共感型に理解のある脳と、プロセス指向共感型でありながら意図的にゴール指向問題解決型に切り替える素養のある脳で構成されるのが理想だと思う。

平易な言い方をすれば、しなやかな感性を持った男性脳と、よく訓練された女性脳の組み合わせである。

よく訓練され、後天的にゴール指向問題解決型の素養を手に入れた女性脳は、素の男性脳より手ごわいことがある。問題解決力を、直感ではなく客観で操るので、戦略をことばに換えやすく、説得力があるからだ。

まとめ

◇ゴール指向問題解決型は、空間認知力を駆使して、すばやい問題解決を可能にする回路特性
◇目標にロックオンして、感情を排除しつつ、有事の危機対応力を上げる使い方である
◇男性の多くが、とっさにゴール指向問題解決型を優先させる傾向にある
◇「ぼんやり」は、戦略力の高さの証

2-3 感性の呪縛

まとめよう。

プロセス指向共感型は、「深い気づき」と「リスクヘッジ（危機回避力）」に長けた回路である。それをうまく回すために、感情トリガーを駆使する。

それをしない脳から見れば、ときに、感情的でだらだらした会話に陥りやすく、「今さら言ってもしょうがない過去」を蒸し返すように見える。

ゴール指向問題解決型の脳は、「すばやい判断」と「危機対応力」に長けた回路である。それをうまく回すためには、仲間の欠点をいきなり指摘して事を荒立て、ときにぼうっとして使いものにならない。

それをしない脳から見れば、「ひどい人」である。優しさの欠如に思える。

男女のミゾの正体

脳の中には、このような相反する二つの感性が内在しており、多くの女性がプロセス指向共感型を、多くの男性がゴール指向問題解決型を優先して使う傾向にある。

この二つの感性がぶつかり合うと、著しいコミュニケーション・ストレスを生み出す。それこそが、男女のミゾの正体である。

違う感性モデルを優先する相手を、自分と同じだと思い込むのが一番いけない。相手がひどく劣って見える。誠意がなく、正義がないように見えてしまう。

相手が優先している感性モデルを熟知すれば、愚行に見える行為から繰り出される才能に気づき、真の敬意が生まれる。

ダイバーシティ・インクルージョンのセミナーやシンポジウムに出向くと、必ずと言っていいほど、冒頭に主催者代表が「互いに理解し合い、敬意をもって」と挨拶《あいさつ》されるのだが、精神論だけじゃ到底無理である。

なぜなら、ヒトは、感性に洗脳されているからだ。

ヒトは感性に洗脳されている

感性とは、生存可能性を上げるために、脳の基調となる神経回路特性である。生存に関わるので、迷っていては危ない。脳は、躊躇なく、自分の優先側を選ばないといけないのである。ものをつかむとき、とっさに利き手を出すように。躊躇なく選ぶということは、別の手段があるとは思えない、ということだ。つまり、自分の感性モデルが「世界のすべて」であり、「世界の正義」だと信じているのである。

とっさの感性がすれ違ったとき、ゴール指向問題解決型の人は、きっとこう思うのだろう。「この人、だめだなぁ。どうでもいいような話を延々とするばかりで、建設的な会話ができない。せっかくの適切なアドバイスにも逆切れするし……。正しいのは、客観的に判断して、すばやく問題解決できる自分である」

一方で、プロセス指向共感型の人だって、うんざりしている。「この人、ひどいわ。思いやりもないし、そもそも人の話をまともに聞けやしない……。正しいのは、人の気持ちに寄り添って、深い納得を生み出してやれる私」

この**感性の呪縛**を超えて、私たちはわかり合わなければいけない。男女が入り混じって、多様性組織を作っていく、今という時代に。男女が同じ場所に、同等の権利で混じり合う——実は、人類が何万年も経験したことがなかった衝撃の事態なのである。

加えて言えば、それぞれの感性そのものの優劣もある。「粗暴なゴール指向問題解決型」と「ハイセンスなゴール指向問題解決型」もあれば、「自我が強すぎるプロセス指向共感型」と「他者に寄り添うプロセス指向共感型」もある。

これらが複雑に組み合わさって、男女間や、民族間のミゾを作り出しているのだ。

男女逆転することもある

多くの男性が、とっさにゴール指向問題解決型を使い、多くの女性が、とっさにプロセス指向共感型を使う。

ということは、男性でもとっさにプロセス指向共感型を使う人がいるし、そうじゃなくても、平常時にはプロセス指向共感型を使うことはよくある。女性の場合も同様である。

職場のタスク処理時には、女性もゴール指向問題解決型を使っている。アイデア出しの会議では、デキる男性は、意図的にプロセス指向共感型を使う。

家庭内では、女性も、学童期以上の子どもに対してゴール指向問題解決型になるケースが多い。成績という絶対的なゴールがあるからだ。

そのようなわけで、**男だから常にゴール指向、女だから一生プロセス指向、というわけではない**ことは、ここでもう一度、念を押しておきたい。

ここからは、「プロセス指向共感型」と「ゴール指向問題解決型」の対話特性や行動特性について語り、コミュニケーション・ストレス解消の一助になる本に仕上げていこうと思う。文章のトーンとしては、プロセス指向＝女性、ゴール指向＝男性という構図で書いていくが、もちろん、現実には、同じトラブルが、男女逆転して起こっているケースもたくさんある。

男性上司が、要点の見えない前置き話を延々と繰り出して、女性部下をうんざりさせるとか、女性上司がいきなり結論を突きつけて、男性部下を絶望させるとか。

もしも、男女の例がぴんとこなかったら、逆にして考えてみてほしい。その解決策は、男女を逆にしても、必ず役に立つはずである。

私は、何も決めつけるつもりはない。

この本に書き進めていくことは、便利な道具であって、誰かの人格を「決めつけて、押し付ける」ものではない。

私が見つけた「コミュニケーションの公式」を、ときには変数を取り換えて、うまく使ってくださいね。

まとめ

◇ヒトの感性には、二種類ある
◇この二つのぶつかり合いが、コミュニケーション・ストレスの原因である
◇この二つの融合が、組織力の要である

第3章

対話ストレス

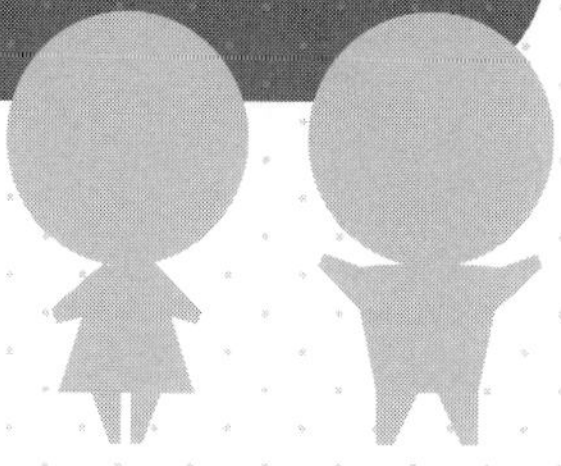

脳が使うとっさの感性が二種類あるので、対話にも二種類のスタイルがある。

心のものがたりを紡《つむ》ぐ**「心の文脈」**と、事実の把握と問題解決を急ぐ**「事実文脈」**である。

前者がプロセス指向共感型の話法、後者がゴール指向問題解決型の話法である。**この二つは、けっして混ぜてはいけない。**

3-1 心の文脈

心の文脈とは、感情をトリガー（引き金）にして、過去のプロセスをなぞる話法だ。脳がプロセス指向共感型の神経回路にシフトした際に、繰り出される対話方式である。

「今日、○○に行ったらさぁ」「そういえば、3か月前」などと始まり「こんなことがあって、あんなことがあって、すごく嫌だった（悲しかった、腹が立った、楽しかった、どう思う？）」というふうに続く。

聞きようによっては、単なる〝愚痴の垂れ流し〟である。この話の「結論」や「目的」は、なかなか見出せないし、ただただ主観的で、相手の立場を思いやる気も、問題解決する気もないように見える。

心の文脈は「深い気づき」のための話法

しかし、（前章でも述べたが）侮ってはいけない。脳の中では、高度な演算が行われている。

感情をトリガーにして、記憶を想起すると、脳は、無意識のうちに記憶を再体験する。**このため、最初の体験時には気づかなかったことに気づけるのである。**

「そういえば、あのとき」「そうか、これって、そういうことだったんだ」のような気づきである。人間関係の歪《ひず》みや深い真相に気づき、抜本的な問題解決につながる糸口となることがある。

逆の言い方をすれば、脳が「深い気づき」を欲した際には、口からは、感情が垂れ流されることになる。

客観性が低く、問題解決意識が希薄なのではない。これもまた、問題解決の一つの手法なのである。ゴール指向問題解決型の脳を使っている人は、心の文脈を展開する人を「感情的で頭が悪い」と評するが、これは不当評価である。

心の文脈には「共感」で応えよう

さて、深い気づきは、基本、潜在意識の領域で起こる。

この気づきを、顕在意識に持ってくれば、一丁上がりである。

しかし、脳が緊張していると、なかなか、潜在意識下のことを顕在意識に上げることはできない。にもかかわらず、感情を語るとき、ヒトの脳は緊張している。なぜならば、緊張を余儀なくされるプロセスを再体験しているからだ。

この緊張をほどいてやること。それこそが、話し相手の使命である。

脳の緊張を解くには、一つしか手はない。共感することだ。「**大変だったね。きみは、よくやったと思うよ**」と、共感とねぎらいをあげれば、プロセス指向共感型の脳は緊張を解く。生存可能性が上がったと感じるからだ。ほっとして、余裕ができて、気づきが顕在化する。

客観的なアドバイスはNG

けっしてしてはいけないのは、客観的なアドバイスである。「相手にも一理ある」「きみもこうすべきだった（こうしたほうがいい）」という客観性は、感情トリガーを混乱させ、脳を一気に緊張させる。脳が、「深い気づき」演算に失敗したことを感知して、強い不快感を覚え、相手を信頼していた場合には絶望さえする。

よく「女は、いいアドバイスをあげたのに、逆ギレする。あれは何か」と言う男性がいるのだが、私はその女性の、この男性に対する日ごろの信頼と、逆ギレした瞬間の脳の絶望の落差を思って、本当に悲しくなる。

今、この瞬間、この星の上で、信頼しているパートナーからこのセリフを言われて、絶望している女性が何万人もいるに違いない。男性のほうは、二人の関係を、天国から地獄に変えたことに、気づきもしないで。

アドバイスすること自体は、悪いことじゃない。**ただ、まずは共感で脳の緊張を解**

き、**本人自身の演算を完結させてやることが大事なのだ。**その後にアドバイスしたなら、それは「金のことば」となって受け入れられる（はずである）。

共感テクニック①　共感語＋同類体験プレゼント

共感の最高のテクニックは、共感語＋同類の経験のプレゼント、である。共感語とは、**「わかる」「そうそう」「○○か～」「だよねー」**のような受け止めのことば。そのことばに、自分に起こった過去の同様の体験を付帯する。

つまり、

「わかる～。実は、私も」

「そう、そう、そうなのよ。うちだって」

という展開だ。

感情トリガーをうまく伝える者たちが、日常、定番としている対話方式である。

共感型Ａ「昨日、お客にこんなこと言われたの」

共感型B「わかる〜、私なんて、こんなひどいこと言われたことある」
共感型A「えーっ、それはひどいね。けど、そこんとこ、気をつけるとこなのかもね」
共感型B「ほんとね」

共感型A「結婚したらしたで、赤ちゃんまだかって、うるさく言われて」
共感型B「そうそう、田舎に帰るとそればっかりだから、うんざりよね」
共感型A「だからさぁ、都会ではゆっくりなのよ、って言ってあげることにした」
共感型B「それいい手だね！」

感情トリガーを駆使する共感型の会話は、こんなふうに推移する。これが心の文脈の王道だ。共感し合えば、答えが出る。

答えが出なかったとしても、ストレスが解消され、モチベーションがV字回復する。共感型の会話は、この世で最も短いストレス解消法ではないだろうか。1分以内で、気分を変えられるのだから。
ちなみに、共感型の人に、いきなり結論を返すと、こんな感じになる。

共感型「昨日、お客にこんなこと言われたの」
問題解決型「……」
共感型「めちゃ、傷ついたんだよ」
問題解決型「そんなのテキトーに聞き流しておけばいいんだよ」
共感型「……」

共感型「結婚したらしたで、赤ちゃんまだかって、うるさく言われて」
問題解決型「そんなのテキトーに聞き流しておけばいいんだよ」
共感型「……」

共感してもらえず、心の文脈が紡げないと、感情トリガーを発動した脳は、問題解

ほんとよね~
ひどいと思わない?
ありがとう~~♡
そーよね~~
わかる~
へー
私もさ~

昨日、お客にこんな
そんなの、テキトーに聞き流せばいいんだよ。

決に至れず、ストレスが倍増する。

結果論として、適切なアドバイスをもらえたとしても、納得に至れないのだ。

共感テクニック② 共感語＋ねぎらい

とはいえ、感情トリガーをうまく使えない者には、同様の体験のプレゼントは難しい。とっさに、脳が類似体験を検索できないからだ。

その場合は、ただ、しみじみと共感してあげればいい。そして、可能なら、共感語＋ねぎらい、を使うといい。**「そりゃ、大変だったね」とうなずき、「きみはよくやったと、僕は思うよ」とまとめる。**

けっして、いきなり、「きみも、こうすべきだったね」「向こうにも一理ある」などと言ってはいけない。結論を押し付けなくても、共感型の脳は、ちゃんと答えを探し出す。多少、時間がかかったとしても（翌朝、そっと反省している場合も多い）。自噴するのを待つのも、コミュニケーションの極意の一つだ。人は、自ら反省した時のほうが、何倍も身につくのだから。

もちろん、部下の場合には、的確なアドバイスでまとめてやる必要があるが、やはり、その前に共感してやるといい。「身にしみて」そのアドバイスを聞いてくれるようになる。

妻や恋人の場合は、よほどのことじゃなきゃ、アドバイスなんてしなくていい。**世界中が彼女を非難しても、自分だけは最後まで彼女の味方だ、と思わせていたほうが、「よほどのとき」のアドバイスが効く。**

特に恋人同士の場合、「アドバイスをしてあげて頼りがいのあるところを見せよう」などと思ってしまう若い男性も少なくないが、それは完全に逆効果。「大変だったね、きみはよくやったよ」の方が、圧倒的に好感度が高い。

共感テクニック③　共感しにくいときは

共感できないのに、共感しなければならないのか。偽の共感でもいいのか。そう問い質《ただ》されることがある。

うつ気味の老いた母親から、「生きていても甲斐がない。生きているのが辛い」と訴えられる。「世の中には、もっと辛い人もいる。母さんは、まだまだだよ、頑張って」と言うと、もっと落ち込んでしまう。共感できない、共感しようもない。そのうち、何を甘えているんだと腹も立ってくる。それでも、共感しろと？

それでも共感してあげて、と私は答える。

私の母も同じように、生きる甲斐がないと弱音を吐く。私は、「お母さん、本当にかわいそう。つらいよねぇ。代わってあげたい」と声をかける。

母は日本舞踊の名手だった。足腰が弱ってからも、上半身だけでも踊りの稽古を止めなかった。「いつか」と目指していた曲目を克服しないうちに、起きていることもやっとになり、踊りをあきらめた。

私もダンスをする。何よりも、踊れなくなることが恐ろしい。だから、「もう一度だけ、イメージ通りに身体を動かしてみたい」という気持ちが痛いほどわかるのである。できるものならば、一日母と入れ替わって、もう一度踊らせてあげたい。心からそう思うから、心から共感することになる。

すると母は、「とんでもない。あなたに代わるくらいなら、お母さん、頑張るわ」と言い出すのである。

「お母さんは、生きていてくれるだけでいいの。子どもなんて、いくつになったって、お母さんに褒められたくて、頑張れるんだから」と、私は懇願する。本が出れば母が喜ぶ、テレビに出れば母が喜ぶ。この気持ちがなくなってしまったら、果たして私は創作活動ができるのか、本当に自信がないから。

誰の心の中にも、探してみれば、そんな気持ちがあるのじゃないだろうか。それをかき集めて、なんとか共感してあげてみてほしい。

「共感」は、プロセス指向共感型の脳の緊張を解く、魔法のことばだからだ。

共感しにくいことにも、なんとか共感してみる。すると、プロセス指向共感型の人は、かえって凛々《りり》しくなる。「共感なんかして甘やかしたら、つけあがる」なんて思わないでいい。

共感テクニック④　長い話をショートカットする方法

プロセス指向共感型の脳は、「前ふり」をすることがある。話し相手が止めてくれないと、止めるきっかけを失って、延々と続くこともある。本人は、前ふりが長びいても気持ちいいからかまわないのだが、聞くほうはたまらない。

で、つい、「で、何の話だ？」「この話、どこへいくの？」「結論から言ってくれよ」「で、オチは？」などと聞いてしまい、不興を買うことに。

具体的な例を挙げよう。

旅先でたまたま入った食堂がよかった、という話を始めた友人が、そこのメニューを片っ端から説明してくれる。その合間に、入ってきたお客のようすを話したりもする。けれど、まとめもオチもなく、話はまたそれる。何も起こらない防犯カメラの映像を、延々と見せられている感じである。

こういうとき、プロセス指向共感型の話し相手ならば、自分が過去に入った「旅先の食堂」の風景を想起して、その時の気持ちを再び味わいながら、この話にオーバーラップさせたりして、けっこう楽しめるのだが、ゴール指向問題解決型の脳はこれができない。このため、ひたすら退屈して、「これ、何の話？」「まだ、続くの？」とうんざりしてしまう。

とはいえ、先を急がせると、100％不興を買う。それがわかっていても、しないではいられない……苦しい。

そんなときは、もちろん、話を遮《さえぎ》っていい。いや、むしろ遮るべきなのだ。

ただし、「で、何の話？」とは聞かない。**「で、きみは？」**と聞くのである。

この例で言えば、「で、あなたは、何を食べたの？」である。あなた自身に興味が、ありすぎて、もうお店の話は聞いてられない、という態で切り出す。プロセス指向共感型の話し手は、自然にこれをする。本当に、「何を食べたのか」が気になりだすからだ。

そもそも、お店のようすを「何も起こらない防犯カメラ」みたいに延々と語るのは、そのための前ふりなのである。相手の期待感を引き出すための。

恐怖映画で、「幼い子どもが三輪車でキーコキーコ音を立てながら、暗い廊下を行くシーン」を延々と見せられるようなものである。何か起こりそう、と、ドキドキさせてから事を起こす。すると恐怖は何倍にも増幅される。このテクニックを、プロセス指向共感型の脳は日常会話で使っているのだ。

アジフライ定食、ほっけ定食、エビフライ定食……迷った挙句、エビフライを頼んだ老夫婦の話……の果てに、「私？　私は、目玉焼き定食」と落ちたら、「え〜、そこ？　なんで!?」と盛り上がれるでしょう？　「もちろん、エビフライ定食」となっても、「そりゃ、そうだ〜。で、美味しかった？」と盛り上がれる。

つまり、この長い話、「で、あなたは？（きみは？）」と水を向けてもらうための前ふり。それをせずに、ただ聞いているから、長くなる。わんこそばを、蓋をしないがために、永遠に入れ続けられてしまうのと一緒。蓋をしましょう。ほどよきところで、「で、あなたは？（きみは？）」である。「で、あなたはどうしたの？」「で、あなたはどう言ったの？」「で、あなたはどう思ったの？」

これは、日ごろプロセス指向共感型を使える人であっても、覚えておいて損はない。女だって、母親や友だちのとりとめのない話には、ときには手を焼くものだから。話の展開に興味がないと、「で、あなたは？」は自然に出てこないからね。

男性上司の「長い話」には別の手を

ただし、自己顕示欲の強いゴール指向問題解決型の脳が繰り出す長い話は、この限りではない。

自分の気持ちや経験を延々と語るからと言って、すべてのそれが「心の文脈」とは限らない。自分の存在価値や持論を他者に知らしめるために時間を占有するタイプは、語りだしたら止まらず、水を向ければ向けるほど長くなる。話が長いからプロセス指向かというと、さにあらず、ゴール指向なのだ。このタイプは、共感ではなく、派手なゴール（「すごいですね」などの認証行為）を欲しがっている。

共感テクニックを使うと、話はさらに続くことが多いので要注意。「さすが」「知らなかった」「すごい」「なるほどね！」とゴールを差し出し、ほどよきところで話題を切り替えるしかない。

これを繰り返す上司に困っているという相談をときどき受ける。

アドバイスの文脈なら、「たしかに、その手はありですね。参考になります（検討してみます）」と言って、パソコンに向かうか、立ち上がる。

蘊蓄《うんちく》ならば、楽しめるうちは楽しんで、楽しめなくなったら、「う〜ん、深すぎて、私にはよくわからなくて……不調法ですみません」と言ってあやまり、パソコンに向かうか、立ち上がる。自分を下において、あやまる態で抜け出すのが一番だ。自分に合った言い方を探してみてほしい。

ここからは、プロセス指向共感型の脳の持ち主への、アドバイスである。

共感型の要注意事項① 感情トリガーの使い過ぎ

プロセス指向共感型の達人は、自分に同様の体験がないときにも、「知人の同様の体験」を持ち出してくる。

「先週、ぎっくり腰やっちゃって」

「え〜っ、ぎっくり腰って、痛いんだよね〜。私はなったことないけど、京都の叔母が泣いてたもん」

ここまではOKだが、「京都の叔母」に話がそれると（「その京都の叔母なんだけど、去年、乳がん検査で……」のように）、話し相手の対話モチベーションが下がるので気をつけたほうがいい。

もしかすると、「かつて、ぎっくり腰になった叔母」の「その後の経緯」は、この話し相手に有用なのかもしれない。厳密には、その可能性も否定できない。しかし、プロセス指向共感型の感情トリガー検索をどこまでも広げてしまうと、対話は成立しなくなる。

「頭にぱっと浮かんだこと」をそのまま口にしていいのは、1テーマに1回と心得ておいたほうがいい。

もちろん、時間があり余っていて、解決すべき問題も特にない場合には、その限りではない。頭に浮かんだことを散文詩的に語り合って、ただただ過ごすという贅沢なコミュニケーションもこの世にはあるはずである。

誰かの「無神経な発言」や「ひどい行動」に、過去の同類の記憶を思い出したときも、「あなたは、あのときだって」は、一回に留めておいたほうがいい。これを重ねると、論点が発散して、本当に伝えたい気持が伝わらない。

共感型の要注意事項②　グレードアップもほどほどに

さらに、同類の体験をグレードアップしすぎるのも要注意だ。

「こんなひどい目に遭っちゃって」に対して、「私なんか、もっとひどい目に」がいき過ぎると、「あなたのなんて、目じゃないわ」と言われている感じがすることもある。

コミュニケーションは、二人の関係性や、話し手のビジュアルや声のトーンにも大きく影響を受ける。優位性を感じさせるビジュアルや立場の人ならば「ほんのちょっと盛った」だけなのに「マウンティングされた」と感じさせてしまうこともあるし、謙虚な感じがする人ならば、かなり盛っても「あなたも、そんなひどい目に……」と共感を誘うこともある。案外、その逆もある。

このため、何がよくて、何が悪いかの絶対的な線引きはできないが、「盛り方」の絶妙さが、「あの人は思いやりがある」「話し上手」「もう一度、会いたい」と思わせる大きなポイントであることは間違いがない。

自分の「同様の体験記憶」のプレゼントが、話を弾ませているか、トーンダウンさせてしまっているのか、よく観察しておくといい。

共感型の要注意事項③　ゴール指向問題解決型に類似体験プレゼントは仇になる

ちなみに、ゴール指向問題解決型相手に、いきなり類似の体験話をしてはいけない。

私の母は、父の「きれいな夕焼けだな」に対して「○○で見た夕日は、もっときれいだったわね」とか、「この○○は美味しいな」に対して「△△で食べた○○は絶品だった」というふうに、感情トリガーを発動する癖があった。父は、その度に黙り込み、のちに私に「母さんとは、感動を分かち合えないんだ。必ず、あっちのほうがいいと言い出して、がっかりさせられる。悲しいことだな」と、しみじみと語った。

父との一体感が強かった母は、おそらく、感情トリガーを使って、過去の思い出にも花を咲かせたかったのに違いない。

ゴール指向が強かった父は、「今、目の前の感動」に集中したかったのに、それが「二番目以下」にされたようで、気が削《そ》がれたのである。母に確認すると「ほんとね」と受けとめて、ちゃんと「今の歓び」を表現したと言うのだが、母がそれにかけた時間が短すぎて、効果がなかったのだろう。

相手がゴール指向の場合には、**「目の前の目標」**にしっかりと話題をロックオンさせることだ。私の両親の例で言えば、「本当にきれいね」「すごく美味しい」と受けとめて、しばらく一緒にしみじみすること。「類似体験」を即座に披露するのは避けたほうが無難である。

実際に、それができる女性が、圧倒的に男性の支持を得ている。

楽しい話への共感は、新しいアイデアを生む

心の文脈型対話には、楽しい話ももちろんある。楽しい話にも「共感とねぎらい」が効く。

「それはよかったね」「きみはよくやってるから、神様のご褒美だね」などと声をかけるといい。

楽しいプロセスの反芻《はんすう》からは、未来へのアイデアが生まれることも多い。「最近の楽しいこと」を語り合って、共感し合うこと——職場の企画会議の冒頭でも使ってほ

しい手法である。

私がかつて師事した凄腕のコンサルタントは、戦略会議の冒頭で「**この一か月で起こった一番嬉しかったこと（心を動かされたこと）**」を語らせていた。そこにいるメンバーの脳が、みるみる「深い気づき」型に変わるのを、私は何度も目撃した。

さらに興味深いのは、いいビジネスパーソンほど、これにすばやく反応し、瑞々しく語ってのけること。しかもだらだら長引かせない。日ごろ問題解決の回路と共に、「深い気づき」の回路を使い慣れているのだなぁと舌を巻く。

女は、なぜ5W1Hに答えないのか?

心をつなぐ対話（心の文脈）には、始め方のマナーがある。

事実文脈とは、また別の始め方があるのだ。

ゴール指向問題解決型の人は、「今日、何してた?」「どこに行ってた?」「いつ買った?」「最近、どう?」などと、尋問のような会話の始め方をすることが多い。

「女はなぜ、5W1H（何、いつ、どこ、だれ、なぜなど）の質問に答えられないのでしょうか」という質問を受けたことがある。

――家に帰ったら、妻が新しいスカートをはいていたので、「いつ買ったの？」と聞いたら、「安かったから」と答えた。女はなぜ、「いつ」と聞いたのに、それに答えないのだろう？

私こそ「なぜ、その発言？」と聞き返したくなった。**「それ、いいね」「似合うね」が、なぜ言えない？**

新しいスカートに、いきなり「いつ買った？」と尋ねられたら、家計を預かっている者の脳には、「（相談もせずに）いつ買ったの？」と響いてしまう。なので、「（相談もせず買ったのは）安かったから」と応えているのだ。

夫のほうは、（このスカート、見慣れないな。新しいのかな？）と思い、それを確認するために「いつ買ったの？」と質問しただけなのに、妻側には、マウンティングされた嫌な感じが残るので、話題は、そこでふっつりと途切れてしまう。

このときの夫の目的が、本当に「家計管理上、スカートの購入スペックを確認したい」のだったらしかたないが、「妻と話がしたかった」のだったら、完全に裏目に出ている。

職場でも、このすれ違いはある。「あの資料、どこへやった？」「あー、置きっぱなしだったので」

これも、部下の側が、資料を片付けたことを叱られていると感じて、言い訳を急いだケースだ。

しかしながら、職場においては、5W1Hの質問をした側には、なんら落ち度はない。部下は5W1Hの質問にまっすぐ答えなければならない。この話は、事実文脈の章で、詳しく述べよう。

ここからは、心の対話を始める際のマナーについて述べる。

恋人や家族と気持ちを通わせたいとき、部下に少しリラックスしてほしいとき、アイデア出しの会議の初めなどに心がけるといい。

心の対話の始め方①　相手の変化点に気づいて、ことばをかける

先ほどのスカートの例では、夫は、「それ、いいね（似合うね）（素敵だね）」と言うべきだった。ちなみに「こないだもはいてたわよ」と言われてもひるむことはない。そう言いながらも嫌な気持ちにはけっしてなっていないから。なんなら「今日のきみが特別なんだね」と返せばいい。

相手の変化点に気づいて、ことばをかける。これは、心の文脈の導入に最も適した始め方だ。

これには、三つのテクニックがある。

《褒める》相手のポジティブな変化点を察知したら、「髪型、変えた？」「なんだか、嬉しそうだね」「そのスマホケース、カワイイね」などと褒める

《気遣う》相手のネガティブな変化点を察知したら、「元気ないね、大丈夫？」「そ

れ、僕がやろうか？」と気遣う（ポジティブな変化点と違って、「目の下にクマがあるね」「髪がばさばさだね」というような具体的なことは指摘しない）

《ねぎらう》状況を察知して、ねぎらう（寒い中を歩いてきた相手に「寒かったでしょう？」、買い物袋を運んできた相手に「重かったでしょう？」）

しかしながら、ゴール指向問題解決型の脳は、そもそも「目の前の人の変化点」に気づきにくい。なぜなら、狩りによって進化してきた神経回路モデルなので、遠くの動く対象に、瞬時にキッパリと照準を合わせるために、目の前のあれやこれやに目を向けないようなチューニングがなされているからだ。

したがって、ここで述べた「相手の変化点に気づいて、ことばをかける」は、存外難しいのである。

夫と妻の間なら、「妻が買い物から帰ってきたら、玄関まで飛んで行って、荷物を受け取りながらねぎらう」とか「こう言われたら、ああ言う」などとルール化できるのだが、ビジネスシーンだと状況が多岐にわたっていて難しい。ときには、セクシャルハラスメントに抵触《ていしょく》することもあるし。

そこで、もう一つの手を推奨する。

心の対話の始め方② 話の呼び水

もう一つの始め方は〝話の呼び水〟を使うこと。

自分に起こった出来事をプレゼントするところから始めるのである。「今日、こんなことがあって」（久しぶりに会う人なら「最近、こんなことがあって」）という切り出し方だ。これが呼び水となって、相手が自分の出来事を語り、心の文脈が紡がれていく。

本当に何でもないことでいい。「あそこの土手、1月なのに菜の花が咲いてたよ」「今日は久しぶりによく晴れたね」「今読んでいるミステリーに○○っていう料理が出てくるんだ。知ってる？」「お昼に麻婆豆腐食べたら、辛くてさぁ。まだ、舌がしびれてる気がする」「このCMの曲、若いときに夢中で聞いたな」とか、そのとき頭に浮かんだことを言えばいいのである。なお、「スルーされても、いっこうに気にしない」が大事なポイント。話の呼び水は、相手のためにすることだ。相手がおしゃべりする気分じゃなければ、スルーしてもらえればいいのである。私たち女性は気軽にスルーし合う。スルーも想定内なのである。

あるいは、ちょっとした相談をもちかける。仕事仲間に「娘の誕生日のプレゼントが浮かばなくて」「この辺に美味しいラーメン屋なんかある？」、家族に「カレーの味、見てくれない？」「仕事の企画書でアイデアが出ないのよ。こんなとき、あなたならどうする？」などと、頼りにするのも手だ。人は、頼りにされ、感謝してくれた相手に情が湧くものだから。

親子では、特に後者を多用したらいい。私は息子が4歳のときから商品企画の相談に乗ってもらっていた。これが幼児なりに、なかなか含蓄《がんちく》のあるアイデアをくれるのである。小学生の彼が出したネーミングが採用されたこともある。夕飯のメニューの相談、本棚の整理の仕方、何でも相談したらいい。親子の会話は盛り上がり、子どものほうには達成感もある。対話力も身につく。

この話の呼び水、プロセス指向共感型の脳には自然に浮かんでくるのだが、ゴール指向問題解決型の脳はなかなかそんなわけにはいかない。

私は、仕事の関係で、ゴール指向問題解決型に偏っていたとき、家に帰る前や、女友達に会う前に「話の呼び水」のネタを考えるようにしていた。ノーアイデアじゃ、心の文脈が紡げなかったから。ネタのために本を読んだり、出先で地元で評判のパン屋さんをのぞいたりもしたりしていた。その晩、家族と、心の対話を始めるために。

何かに失敗して「とほほ」な気分になったときなんて、「家族や友達に話せるネタが増えた」と思って、ちょっと嬉しくなったりしていたくらいだ。

ゴール指向問題解決型の人はこうして、かなり意識しないと、「話の呼び水」は作れない。帰り路に「何から話そうか」と作戦を練る必要があるかもしれない。けれど、それだけの努力をした甲斐はきっとある。

ビジネスシーンであっても、気づきを必要とするときには、対話の始め方がカギを握っている。

たとえば、あるヘリコプター運用会社のケース。パイロットたちの「ひやりとしたけど、事なきを得た」「はっとしたけど、なんとかなった」という、トラブルすれすれの事例を集めて共有し、ヒューマンエラーを未然に防ごうというプロジェクトにおいて、なかなか事例が集まらないという相談を受けたことがある。

話を聞いてみると、事例入力にはノルマがあり、さらに入力フォーマットには5W1H的な項目が並んでいた。

これでは、ゴール指向問題解決型の神経回路を誘発してしまうので、「記憶の中に潜んでいるちょっとした気づき」を引き出すことはできやしない。

そこで、私は、雑談型のヒアリングを導入してほしいと提案した。たとえば、空を降りた先輩パイロットが、「昔、こんなことがあって」などと口火を切ってくれれば、「あー、それなら、似たようなことが」「そういえば、私も」のように引き出せるからだ。

心の対話は、リスクヘッジの鍵。危険と共にあって、すばやい判断を要求される、ゴール指向問題解決型に偏っているビジネス・カテゴリこそ、心の対話の導入を心がけなくてはいけない。年齢を重ねたベテラン社員を活用するといい。ヒトは、五十代半ばすぎから、男女共に共感力が高まることが確認されている。「年をとると涙もろくなる」はその一例。こういう熟年パワーを使わない手はない。

心の対話の始め方③　弱音を吐く

最後に、とっておきの奥の手を。
弱音を吐くのである。

先日、ある男性に相談を受けた。
——うちには12歳、7歳、2歳の子どもがいて、妻は専業主婦です。一日中家にいて、ママ友も多いタイプじゃないし、大変だろうなぁと思うので、話し相手になろうと努力している。「子どもたちは、どう?」「今日は何してた?」のように話題を向けるけれども、妻は億劫《おっくう》がって、あまり話をしない。かといって僕が自分の話をしても、上の空。最近は始終不機嫌で、「末っ子が育ったら、離婚したい。その日が楽しみ」と言い出す始末。どうしたらいいかわからない。

たしかに、3人の子育て真っ最中の妻は、心身共に過酷なまでに忙しい。そんな妻に、「今日はきれいだね」「会社のビルの植え込みにタンポポが咲いてた」なんて言っても「はぁ?」と言われるのがおちだ。

彼女と対話したいと思ったならば、弱音を吐くしかない。「今日、部下に、こんなこと言われてさぁ。とほほだよ」「駅で階段を上がるおばあちゃんの荷物持ってあげたら、なんでエレベーターがないの、って責められた。駅員じゃねえよ」のように。

心をつなぐテクニックの奥義は、「弱音を吐いて、なぐさめてもらう」なのである。

そうアドバイスしたら、質問者の男性は「疲れている彼女に負担をかけたくない」と眉をひそめた。でもね、その心配はない。

脳は、インタラクティブ(相互作用)で活性化する。

自分の行為で、何かが変わる。これが最大の快感である。

つまり、一方的にしてもらうことより、「してあげて、相手に変化が起こる」ことのほうが、満足度が高いのである。

ときに、ネガティブ・インタラクティブ（相手が傷つく）をもって快楽とする邪悪なタイプもいて要注意だが、多くの人間は、ポジティブ・インタラクティブ（感謝される、喜ばれる）をもって快感を得る。

ウルトラマンの妻

「ウルトラマンの妻になったことを想像

してみて」。私は、よくこの話をする（ほかの本でも語っているので、〝再放送〟の方はごめんなさい）。

ウルトラマンである。何百万光年も向こうの、知らない星の生物の命を救いに、家族を置いて行ってしまうのである、この男は。妻としてはわけがわからないが、それが夫の使命だとしたら、「いってらっしゃい」である。地球に3か月の単身赴任？　大丈夫。そんなことで女は絶望したりしない。

しかし、ウルトラマンは英雄なので、きっと弱音を吐かない。たまに帰ってきて、黙ってご飯を食べて、また出かける。妻は、それが寂しいのだ。

自分がいなくたって、この人は淡々と生きていける。私なんかいてもいなくても、この人には関係ないんだわ……そんなふうに感じ出す。インタラクティブが生じない相手を、脳は遠く感じ、情が湧かなくなってくるのである。

ウルトラマンも、大切な人には、弱音を吐かなきゃ。

「今日、ここ、ゼットンに蹴られて痛かったんだ」みたいに。

妻が「えー、かわいそう、ふうふうしてあげるね」と言ってくれたら、「きみのおかげで、また戦えるよ」と返す。

たま〜にそういうことがあれば、心の絆が結びなおせて、情が湧かなくなるなんてことは起こりにくい。

私がいなくちゃ生きていけない人。それ以上の甘美なコミュニケーションが、この世にあるだろうか。

きずなの中には、きずがある。

どこまでも正しく、どこまでも強い。そんなジュラルミン加工みたいな男に、「話を聞いてやる」なんて思われたって、なんだかマウンティングされたように感じるだけだ。

弱音というテクニックは、職場では多用しにくいが、「完璧な上司」がときにほろっと弱音を見せてくれたりしたら、それが最高の人間的魅力になったりする。

親子の間でだって一緒である。親だから「正しく、強く」いなければいけない、という呪縛から解き放たれよう。

親が見せる弱音は、人生の味わいを見せてくれる。自分の存在が親を支えているという自負は、子の自尊心になり、心の奥行きにもなるのだから。

大切な人にだけ見せる弱音は、コミュニケーションの最高の奥義だと心得よう。

心の文脈は、なぜ心をつなぐのか

心の文脈は、心の絆を作り出す。

その理由は、脳の神経信号の使い方にある。

心の文脈を紡ぐためには、右脳と左脳を強く連携させなければいけない。感情（右脳）をトリガーにして、過去の記憶を想起（左脳）したり、感情（右脳）の見出しをつけて、認識した事実（左脳）を格納したりするためだ。

右脳と左脳の連携機能は、察する・気遣う・相手の身になるなどの「心を寄せる」脳の働きにも使われる。「心の文脈」の対話をすれば、右左脳連携が活性化して、心を寄せ合うことになるわけだ。

女の話が延々長くて、うんざり？　そんなこと言ってる場合じゃないのでは？「心の文脈」を共に紡げば、愛され続けるチャンスなのに。

部下の話が長くてうんざり？　それも、新しいアイデアが飛び出すチャンスかも。

しかし、上司の話が長くてうんざり、は、許さなくていい。「部長、この件について、私にどのようなアクションをお望みですか？　話がうまく解釈できなくてすみません」と遮ってかまわない。上司は、すばやいジャッジと問題解決のために、そこにいるのだから。

上司である人は、部下の「心の文脈」に耳を傾けることはあっても、自分の「心の文脈」は、話の呼び水としてスパイス程度にしか使ってはいけない。部下をうんざりさせたり、混乱させたら、上司失格である。

家族の絆

対話のない家族は寂しい。

けれど、父親が娘に「今日、何してたんだ?」「どこに行ってた?」なんて聞いても、話はまったく弾まない。

とはいえ、親の自分に起こったことを子どもは理解できないだろうと思って、親たちは話の呼び水を使わないことが多い。

私は、「今日、会社でこんなこと言われてさぁ。たしかに正論だけど、なんだか、もやもやするのよ」なんていうふうに、保育園児の息子にだって躊躇せずに話しかけていた。「せいろんって何?」と聞かれて、そちらに応えることもあるが、たいていは、小さいながらに頭を絞ってくれる。「おいらも、保育園で、こういうことがあったんだ」なんて。

私の息子は、15歳の誕生日に、「あなたの傍《そば》にもっといればよかった。働くお母さんで、ごめんね」とあやまったとき、「次に生まれてくるなら、また働くハハ（彼は私のことをハハと呼ぶ）がいい。一生懸命でカワイイし、なにより、外の空気を運んでくれるのがいいよ」と言ってくれた。

「今日何してたの？」「宿題やった？」「明日の用意は？」と尋ねたくなるのを我慢して、「今日ね、赤坂の○○で」「ハハがこんなに頑張ったのに、社長がさぁ」なんて、話してきてよかった。

心の文脈は、私の日常を臨場感たっぷりに彼に伝え、彼もお返しにいろいろ話してくれたし、励まし合ったりもできた。

家族の絆は、心の文脈でないと紡げない。

母親は案外、息子には尋問形式の話法を使いがちなので気をつけたほうがいい。ぜひ、話の呼び水を使って、心の対話をする習慣を。大人になっても、しみじみとした対話を親子で交わせるようになる。

それに、**男子は、母親との対話で、心の文脈の紡ぎ方を覚えないと、他に覚える場**

所がない。息子が将来、恋人と心の対話ができるように……母の腕の見せ所である。
父である人も、娘と断絶しないために、ぜひ。

まとめ

◇対話には、「心の文脈」と「事実文脈」の二通りがある
◇「心の文脈」は、プロセス指向共感型の脳によって展開される対話文脈
◇「心の文脈」は、感情トリガーを使って、プロセスを吟味し、「深い気づき」を生み出す話法
◇「心の文脈」では、共感がコミュニケーションのカギを握る
◇「心の文脈」の対話には、始め方のマナーがある
◇過去への気づきがほしいとき、未来への気づきがほしいとき、心の絆を結びたいとき、「心の文脈」は欠かせない

3-2 事実文脈

さて、人類が編み出した、もう一つの対話方式について、述べよう。

「心の文脈」に対して、「事実文脈」と呼ばれる。相手の感情に極力反応せず、アドバイスをすばやく打ち込むことを使命としている。

目の前の人を、いち早く混乱から救うための手法。大げさに言えば、命を救うための対話である。

事実文脈の掟《おきて》

目の前の人が抱える問題点をいち早くつかんで、その解決策を指摘する。それが、事実文脈の掟である。そのほうが、的確に命を守れるからだ。

たとえば、腐った橋を渡ろうとする人がいたら、誰だって「その橋、渡っちゃダメ！」と叫ぶだろう。「きみの気持ちはわかるよ、わかるけどさぁ」なんて言ってる

暇はない。
もちろん、渡ろうとした人が悪いわけじゃない。悪いのは、腐った橋を放置しておく行政なのだろうが、そんなことを言っている暇はない。だから、その人が「渡ろう」とした事実を即座に否定する。その人を救うためだ。

事実文脈は、大切な人を守るための話法

この脳の使い方が徹底していると、日常生活でも、その手法を使う。
たとえば、隣の奥さんと、うちの妻がトラブルになった場合。１００％向こうが悪くても、夫は「きみも、そんなことして、あの人を刺激しちゃダメだよ」なんて言ったりする。

こんなとき、たいていの妻は「あの人が悪いのに、あなたはあっちの肩を持つわけ!?」と逆上するわけだけど、これはアンフェアだ。夫は、向こうの肩を持ったわけじゃない。妻が大切で、ただただ守りたかっただけなんだから。

嫁姑《しゅうとめ》のトラブルも同様だ。姑に言われた心無い一言を夫に訴える。しかし夫はなぐさめてくれるどころか「きみもこうすればよかった」とか「悪気はないんだから気にしなきゃいい」なんて言ってくる。あれも姑の肩を持っているわけじゃなく、妻を守っているのである。

前節で述べた、心の文脈と比較してみると、あまりにも相性が悪いことに気づくだろう。

片や、気持ちを話したい、片や、事実だけを報告してほしい。片や、共感してほしい、片や、相手の欠点の指摘をしたい。

この二つの対話方式は、混ぜると危険なのである。まるで、漂白剤のようだ。酸性

混ぜてはいけない、二つの対話スタイル

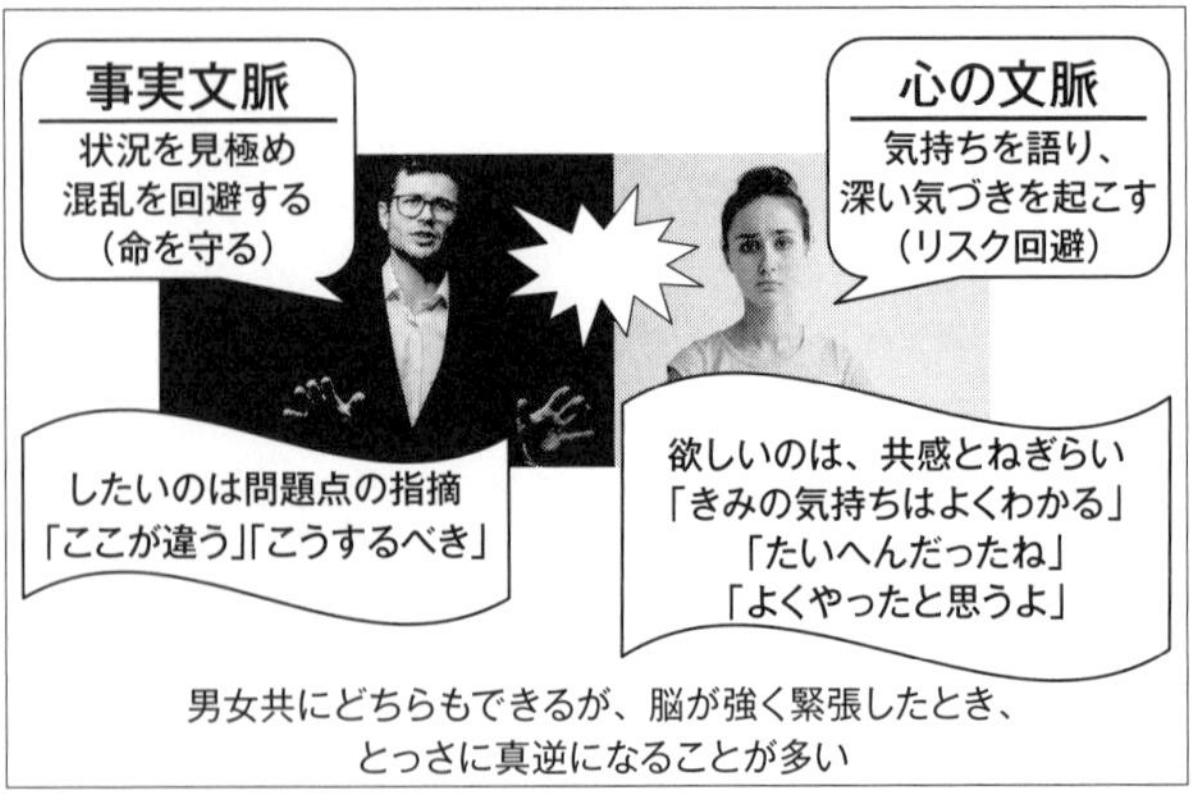

状況を見極め
混乱を回避する

気持ちを語り、
深い気づきを起こす
（リスク回避）
したいのは問題点の指摘
「ここが違う」「こうするべき」
欲しいのは、共感とねぎらい
「たいへんだったね」
男女共にどちらもできるが、脳が強く緊張したとき、
とっさに真逆になることが多い

系と塩素系、どちらも素晴らしい漂白システムなのだが、混ぜると毒性のガスを発する。

「アドバイス」のブレーキが利かない

女性との対話に共感は不可欠と言われても、働き盛りの男性脳は、なかなか「アドバイス打ち込み」のブレーキを踏めない。

そもそも男性脳は、長らく、狩りや縄張り争いをしながら進化してきた。荒野に出て、危険な目に遭いながら、いち早く仲間を救い、確実に成果を出せた個体だけが子孫を増やすことができたのである。厳しい環境では、共感は危ない。「きみの気持ち、

わかるよ。でもね」なんて言ってたら、沼に落ちてしまうかもしれない。当然、事実文脈型の対話方式を使う。こういう男性が、何万年にもわたって多めに生き残ってきたはずである。

さらに、働き盛りの年代は、職場で「すばやい問題解決」を余儀なくされている。男性は生まれつき、問題解決型にチューニングされているうえに、30代40代のビジネスパーソンは、ビジネスの現場で、さらにそれを研ぎ澄ましている。

「心の文脈」の節では、家庭内の会話は、「心の文脈」を心がけるべし、と述べた。しかし、そうは言っても、問題解決型に強くシフトされている男性脳は、女性が望むレベルの共感型対話はやはり難しい。家庭の中であっても、問題解決型の人と話をするコツを、共感型の人もまた、知っておくべきである。

共感型でありながら、問題解決型の会話ができる人は、「デキる女」「聡明な人」と言われることになる。知っておいて損はない。

結論から知りたい！

事実文脈を作り出すのは、ゴール指向問題解決型の脳だ。最初にゴールを見定め、すべての資源（意識、手間、時間）を、そこに集約していく脳の使い方をする。

このため、**ゴール（結論、目的）のない話には、耐えられないのである。**目的がわからない話が延々と展開されると、「目的」を探そうとして、脳がくたくたになってしまう。

妻の話が「今朝シーツを2枚も洗濯したのに、風が吹いて竿《さお》が外れて、汚れちゃったのよ」なんて始まったら、夫の脳は「この話、どこにいくのだろう」と探り始める。

しかしながら、女の話は、たいてい男を裏切る。「そろそろ乾燥機付き洗濯機を買いたいって話か？」なんて身構えていると、「夕方、コロッケを買った話」になって戻ってこなかったりする。長い話の間、ずっと洗濯の話を忘れない夫の脳は、ストレスが増大して、もやもやして、ぐったりしてしまうわけだ。

プロセス指向共感型の脳は、今日の出来事（プロセス）を語って、ほどよきところで共感してもらって、最後はねぎらってほしいと思って、この話をしている。

一方、ゴール指向問題解決型の脳は、この話の「問題解決テーマ」を探して、迷子になってしまうのである。

こういうときは、「今日ね、すごく忙しかったの。シーツを2枚も汚して、洗い直さなきゃならなくてさぁ。コロッケ作ろうと思ったら……」というふうに、前置きをするといい。「忙しかった話」というゴールがわかるから、ゴール探索に入らなくて済む。ゴール指向問題解決型の脳のストレスは、劇的に軽減されるのだ。

「今日、ちょっと面白いことがあったの」「なんだか、心にひっかかってることがあって」などという前置きさえあれば、夫をストレスの海に沈めなくて済む。

これで、夫が「心の文脈」だなと気づいて共感してあげられれば、夫婦円満は末永く続く。

職場での会話の始め方

事実文脈の対話は、結論から始める。結論を出すための話し合いなら、その目的から言う。つまり、「この話のテーマは何か」を提示しなければならない。

ビジネス・タスクのほとんどにはゴールがあって、それを目指して処理を進めるのが〝仕事〟である。つまり、職場の脳はゴール指向問題解決型に強くシフトしており、そこで交わされる会話は事実文脈で成り立っている。当然、テーマの提示から始めるのが基本だ。

上司には、「○○の件ですが、＊＊＊になりました。理由は、二つあります」「○○の件で、相談があります」「○○の件で、確認したいことが3点あります」のように前置きをする。

部下にも、「企画書の変更点について、話がある。ポイントは四つね」のような切り出し方をする。

共感型の上司の場合、うっかりすると「あなたさぁ、○○だけは気をつけてって言ってたよね、私。あのときも、このときも。なぜ、チェック漏れが起こるかなぁ」とドラマティックな導入になってしまうことがある。過去の同様の失態が頭をよぎるからだ。これは、同じ共感型の部下にはドカンと心に響く導入だが、問題解決型の脳でこれを聞くと、注意力散漫になってしまい、肝心の要点を聞き逃してしまう。

そのような場合、部下の側は、自分の聞き取り失敗を棚に上げて、「うちの上司は、話が取っ散らかってて、感情的」と判断してしまう。

共感型の脳は、深い気づきを生み出し、リスクヘッジで仲間を守り、思いもよらなかった新機軸の戦略を思いついたりする、職場の宝物だ。しかし、コミュニケーションにおいて共感型を全開にすると、不当に低い評価を受けかねない。

プレゼンテーションの冒頭とか、部下に心で反省してほしいときとか、「劇的な演出」をしたいときを除いて、**「部下に何かを指示するシーン」では事実文脈を使うよう、心がけよう。**

もちろん、朝一のちょっとした心を通わすための会話や、気づきを必要とする会議で、参加者の肩の力を抜くための会話は、この限りではない。こちらは、心の文脈をうまく使うべきだ。

ビジネストークの枕詞

とはいえ、ときには強く頭に浮かんでくるものがあるけど、自分でも何なのかはっきりわからず、テーマを切り出せないときもある。

なんだかインスピレーションが湧いて、「昨日、デパ地下でプリンを買ったら……」なんて話しているうちに、新商品のアイデアが飛び出してくるようなときだ。

そんなときは、**「ちょっと気になることがあって……」**と前置きするといい。単なる雑談ではなく、気づきを生み出す会話に入ったことを知らせる便利なことばである。

問題解決型の上司であっても、しばし、耳を傾けてくれる。

ゴールを無駄打ちさせてはいけない

報告や指示については結論から言えるけれども、言いにくい相談事は、やはり事情から話したい。そう感じる人も多いと思う。しかし、デキる上司相手に、これをするのは危険だ。

事実文脈型の相手に、結論を言わずに相談を持ちかけると、話の途中で「問題解決」の弾を打ちまくってくる。もちろん、親切心と誠意の賜物として。

事実文脈の問題解決とは、基本、相手の欠点を突くことなので、心の文脈型の人には耐えられない。だからこそ、ちゃんと最初に命題を掲げておくべきなのだ。

例を挙げよう。

ある開発チームの女性リーダーの話。

——チームに不測の事態が続いた。ユーザからの要件変更が、あらぬ時期に度重なった。一つ一つは対応できないことではなかったが、総体として動きがとれなくなった。メンバー間で流行《はや》ったインフルエンザも打撃になった。こうなったら、来月の目標を下方修正して、チームを立て直したい。それを、上司である所属長に伝えなければならない。

ところが、上司は、いちいち「こうすればよかった」「目論見《もくろみ》が甘かった」「その対応は、ここがまずい」と女性リーダーのやり方を否定してくる。全部自分が悪いと言われているようで、彼女はとうとう「目標の下方修正」を言い出せず、死にたい気持ちで職場に戻ったという。

上司はなぜ、気持ちをわかってくれないのだろうか。彼女は頭を抱えた。

このケース、私に言わせれば、この女性リーダーが100%悪い。職場では、結論から言うのがセオリーだ。どんな場合にも、例外はない。

ところが、こんなとき、察する能力が高い共感型の人は、いきなり「目標を下方修正したい」とは言い出せない。チームがどんなに頑張ったかを先に説明しなければ、これがどんなに切羽詰まった提案かが、きっと伝わらないだろうと予想するからだ。

だから、チームに起こったひどい状況から説明したいのである。目標の下方修正を言い出すころには、上司がチームを案じ、同情していてくれると結論を切り出しやすい。もちろん、上司も共感型なら、本当にそうなる。

ところが、上司が問題解決型だと、並べ立てる「不測の事態」一つ一つに、解決策を言ってくる。脳が「目的」を探って強く動いているので、「不測の事態」を一つ言われた瞬間に、それがゴールだと早とちりし、解決策を言ってしまうのだ。「あ、ゴール！　キーック！」てな感じだ。悪気なんかさらさらない。大切な部下を育て、援護するために、すばやくそれをしているのである。

このケース、上司には、なんら落ち度はない。**むしろ、デキる、思いやりのある上司だ。悪いのは、ゴールを無駄打ちさせた部下のほうである。**なのに、「いちいち、私が悪いと責められて」と逆恨みするなんて、事実文脈の視点から見れば、「扱いにくい、困った部下」以外の何者でもない。

事実文脈の掟は、「目の前の人の問題点の指摘から始める（たとえ他の誰かが悪かったとしても）」である。しかしながら、これを重ねられたら、プロセス指向共感型の人は耐えられない。傷ついてボロボロになってしまうのである。

誠実な上司に、察しのいい部下。二人にはなんの落ち度もないのに、話はすれ違い、部下は「上司はわかってくれない」と絶望し、上司は「彼女には期待していたのに、残念だ」などと評価を下げてしまう。

こんな悲しいことはない。

なにがあっても、「ゴール」を最初に掲げよう。

言いにくい話には「キャッチフレーズ」をつけよう

ただし、「目標を下方修正したい」なんて、身も蓋もないことから始めなくてもいいのである。後ろ向きの提案には、前向きのキャッチフレーズをつけると言いやすい。

「顧客満足度の向上と、チームの意欲向上のために、来月の目標を下方修正します」のように。「前向きな目標」と結論をセットで言うのだ。

すると、上司は必ず「どういうことだ?」と聞いてくるので、「聞いてくださいよ。ここのところ、たいへんなことが重なって……」と、状況を訴えればいい。

ゴールがわかっているので、問題解決型の上司も落ち着いて経緯を聞いてくれる。

ときには、優しい同情も寄せてくれる。

それほど本人の能力が突出しているわけでもないのに、上司に可愛がられ、顧客に愛され、部下に信頼を寄せられる人がいる。思いが深く、会社への貢献度が高いのに、周囲とぎくしゃくする人がいる。前者と後者を分けるのは、コミュニケーション能力である。

この世には二つの話法がある。それを知って、使い方をマスターするだけで、この世が格段に生きやすくなる。

妻の話がモスキート音に聴こえる

ここまでに述べたように、ゴール指向問題解決型の回路は、相手の話から「目的（ゴール）を探し出そう」と強く緊張している。それがなかなか見つからないと、いつまでも脳を緊張させておくのは危ないので（男性脳の真の役割＝危険察知ができなくなるので）、話を聞くことをあきらめてしまうのだ。

このため、目的のわからない散漫な話が2分も続くとストレスが限界を超え、音声認識機能を停止してしまう男性がけっこういるのである。

目の前の人の話を、ことばとして認識せず、音声だけをぼんやりと聞く。ある男性は「妻の話が、モスキート音に聴こえてくる」と表現したが、さもありなん。たしかに、右左脳連携をきっぱり断ってしまうあの脳ではそうなるに違いない。

ゴールのない話につき合うのは危険、これ以上、音声認識のために神経信号を使うわけにはいかない、と脳が判断したのである。

「話、聞いてないでしょ！」は言いがかりである

では、なぜ男は、目的のわからない長話に危険を感じるのか。

べらべらしゃべる女性に絶望してしまうのか。

男たちが、何万年も野山を歩いてきたことに思いをはせれば、答えは明白である。

狩人は、森や山の中で寡黙《かもく》である。水や風の音、自分が踏みしめた木の葉の音、これらの反響音で、先の地形のようすを知る。当然、獣の気配も聞き逃すわけにはいかない。

しかも、脳は、空間認知の機能をフル活動させている。目に入ったランドマークを、脳の仮想空間にプロットしているのだ。この脳内仮想地図を使って、男たちは、地図もＧＰＳもなかった時代に地の果てまで行って、元の場所に帰ってこられたのである。

というわけで、狩人の脳は静寂を欲し、はたまた空間認知に忙しい。**隣にべらべらしゃべる人なんかいたら命が危ないのだ。**このため、その音声を認識せず、生活雑音として、聞き流す。その脳の癖が、安全極まりないリビングでも発揮されるのであ

る。

妻をいくら愛していても、狩人の生存本能は、無意識のうちに発動されてしまう。男の側からは制動しようがないのである。それなのに、「話、聞いてないでしょ！」とキレるのは、酷すぎる。話を聞いていないのは、先にゴールのない話を延々と聞かされたからなのに。

男たち相手に、ゴールのない長い話はご用心。「心の文脈」を始めるときも、**「今日、面白いことがあったの。聞いて」と先にテーマを掲げよう。**

男性に話しかけるときの「3秒ルール」

男性脳の音声認識機能が停止するのは、「ゴールのない長い話」の際だけではない。テレビを見ながらぼーっとしているとき、スマホに夢中になっているとき、考え事をしているとき、作業に夢中になっているとき、男性脳は、音声認識機能を切っている。

このため、いきなり早口でまくし立てると、まったく聞き取れないのである。音声

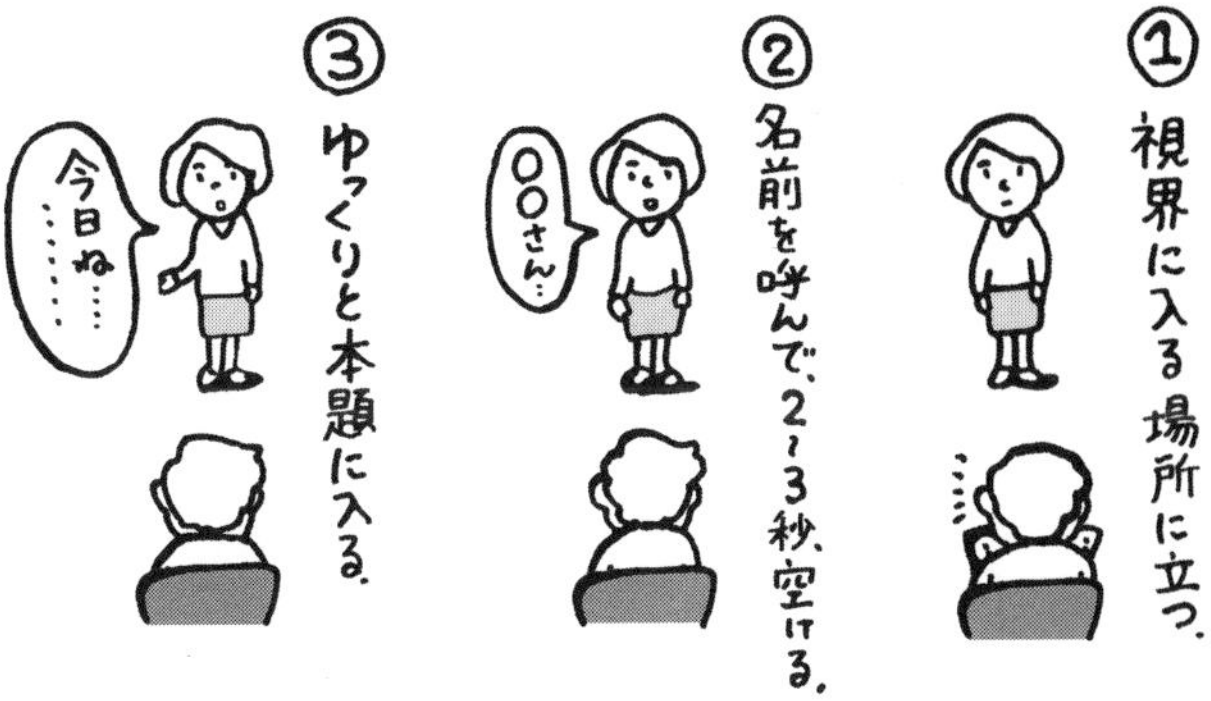
①視界に入る場所に立つ。
②名前を呼んで、2～3秒、空ける。
○○さん…
③ゆっくりと本題に入る。
今日ね……

というのは、最初が聞き取れないと、最後まで雪崩《なだ》れるようにわからなくなってしまう。外国語のヒアリングで、一部聞きそこねると、後が取り返しがつかなくなるのと一緒だ。

「はぁ」と間延びした返事をされて、もう一度言わされてムカつくくらいなら、以下の3秒ルールを順守しよう。

男性に話しかけるときは、**①視界に入る場所に立って、②名前を呼んでから2～3秒空け、③ゆっくりと本題に入る。**

妻の話がちゃんと聞き取れるから、質問にすぐに答えられる。ただこれだけで、「夫にはうんざり」の回数が本当に減る。

職場の男性にも、このルールはよく効く。

数年前に出版した本の中に、この3秒ルールを書いたのだが、「男性部下との意思の疎通は格段によくなりました」というメールを何通ももらっている。

うるさそうに「はぁ?」と聞き返してくる部下が、性格が悪いわけでもなく、女性上司をなめているわけでもなく、単に聞き取れないだけだったなんて、驚愕の事実でした、とある女性は話してくれた。

コミュニケーション・ストレスは、単にコミュニケーションの失敗にとどまらないところが悲劇なのである。相手の怠慢や悪意に見えてしまう。そして、男性のほうは、「うちの女性課長、とっちらかってて、何言ってるかよくわからないときがある」というふうに、女性の頭の悪さだと思い込んでしまうのである。

互いに相手の評価を劇的に下げてしまう事態を避けるための3秒ルール。たかが3秒、されど3秒である。

阿吽《あうん》の夫婦に起こる悲劇

さらに悪いことに、夫婦生活が長くなってくると、夫は、妻の「モスキート音」のどこで返事をしたらいいかが勘でわかってくるのである。「ひぇ、ほえほえほえぴ〜、ほえ?」「あぁ」「ぴ〜ほえほえぴ〜、ほえほえ」「うん」みたいに。

これがまた厄介なのだ。テキトーに返事していた会話が、「火曜日、保育園のお迎え、大丈夫?」「あぁ」「じゃあよろしくね、ありがと」「うん」だったりしたら、のちに大事件が起こる。

「明日よろしく」「何のこと?」「言ったでしょ!」「聞いてない」「返事したじゃん!」「覚えてない」「はぁ?（怒）」

極力、モスキート音にさせないこと。3秒ルールで話しかけ、この会話のテーマを先に言う。

深読みは不要

ゴール指向問題解決型の人が口にすることには、深い意図はない。

「きみは、なぜ、こうしたの？」と聞いてきたら、本当に「そうした理由」を聞いているのである。「なぜ、こんな間違いを起こしたのかなぁ」という含み表現ではないのだ。むろん、理由を述べて「それは違う」と叱られることはあっても、この時点では理由を聞いている。

上司の尋ねる「きみ、なぜこれ、ここに置いたの？」は、そのままの意味であることが多い。「ここに置いたほうが、入口から入ってくるお客様に見えやすいので」と冷静に答えればいい。「なんで、こんなとこに置いたん？（置いたらアカンのに）」という意味じゃない。たとえ、そうだったとしても、こっちの言い分を冷静に言うことのほうが功を奏する。「デキる」という印象を残す。

上司が「これ、どうして、こうしたの？」と理由を尋ねると、「すみません」とおろおろする部下……ビジネスシーンでは明らかに損をしている。「質問に的確に答えられない。頭が悪い」と思われるからだ。

前にも述べたように、夫の「そのスカート、いつ買ったの?」は、「(見慣れないなぁ、新しいのかなぁ、いつ買ったんだろう)いつ買ったの?」なのであって、「(俺に黙って)いつ買ったの?」ではない。

「おかず、これだけ?」も、「今日は、このおかずでご飯を食べきればいいんだね?」の意味で、「一日中家にいて、これしかできないのか」ではない。

ここは素直に、悪びれずに、「一昨日」「そうよ」と答えていい。

そりゃ、男たちも、ときにはプロセス指向になって、皮肉を言うこともあるかもしれないが、ほとんどの場合、裏読みは無駄。だとしたら、深読みはしない方針でいいのでは?

たとえ、皮肉で言ったとしても、素直に返されると、それで収まることもある。

我が家の夫がある日、食卓に取り残された明太子を指さして、険のある声で「これ、冷蔵じゃないの?」と言ったので、明るく「そうよ、気づいてくれて、ありがとう」と答えたら、一瞬戸惑ったあと、自分で冷蔵庫にしまいに行った。あれはおそらく皮肉だったのだと思う。けれど、ここで「忘れることだってあるわよ、私だって忙しいんだから。気づいたら、黙ってしまえばいいでしょ！」とムカつくと、嫌な気分で一日を過ごすことになる。

深読みはしない、が、やはり正解である。

女は質問ではなく、気持ちに応えてほしい

ちなみに、プロセス指向共感型の人が深読みをするのは、こちらは、ほとんどが含み表現だからだ。

「あなたって、どうしてそうなの？」に、「どうしてそうなのか」を説明されても、それは腹が立つだけ。「嫌な思いをさせて、ごめん」と言ってほしいのである。

「仕事と私、どっちが大事？」も、どっちと聞きながら、あっちとかこっちとか、どっちもとか答える質問ではない。「寂しい思いをさせて、ごめんね」なのである。

妻が夫に「いつ、買ったの？」と聞いたら、「（こんなもの、私に相談もなく）いつ買

ったの？」である。「先週の日曜日」とか答えてほしいわけじゃない。「相談しなかった理由」を質しているのだ。

前節で述べたが、女は5W1Hに答えない。しかしそれは、自分が質問したとき、5W1Hに答えてほしいわけじゃないからだ。女は、そこに込めた「気持ち」に応えてほしいのである。

女は男の質問を深読みして、正しく応えられない。
男は女の質問に正直すぎて、正しく応えられない。
プロセス指向とゴール指向、どこまでも、相容れないのである。

問題解決型が気をつけること① 気持ちに応える

質問じゃなくて、気持ちに応える。

この齟齬《そご》は、別のところにもある。

共感型の人にビジネス提案をするとき、問題解決型の人は、思いもかけないところで失敗してしまうことがある。

問題解決型の提案は、いくつかの代替案を並べて、その利点を比較させるスタイルが多い。この手の〝冷静な提案〟を受けると、共感型のクライアントはたいてい「あなたは、どれが一番だと思う？」と聞いてくる。

そのとき、問題解決型は、「ですから、A案はここがよく、B案はここがよく……」と、概況説明を繰り返してしまうことが多い。提案側としては、どれにも選ぶべき理由があるから、複数案並べているのである。「どれが一番？」と聞かれたら、「この視点ではこれが一番、この視点ではこれが一番」と答えるのが、最も正直なのに違いない。

しかし、これがいけないのだ。

共感型は、「気持ち」を聞いてきているのである。だから、気持ちで応えなければならない。「私は、A案が気に入っています」とか、「僕なら、Aです」のように。

ビジネスパーソンなら、この質問が来た時のために、「自分のイチオシ」をあらかじめ心に決めて臨むべきだ。この質問にしっかり答えることは、「この提案に、僕はまごころを込めています」の証明なのだから。

共感型の人は、この質問で、「提案者が、この提案をどれだけ自分事のように捉えているか」を評価しているのである。ここで、曖昧《あいまい》な答えが返ってくると、「心を込めた提案でない」気がしてしまい、気が削がれてしまう。

男性美容師が、年上の女性顧客に髪型やカラーをいくつか提案したとき、「あなたはどう思う？」と言われたら、ぐずぐず言ってる場合じゃない。「あなたが僕の恋人なら、これにしてほしいと言うと思います」くらい言ってみよう。

プライベートの提案も同じだ。デートに誘うときも、「食事に行かない？ イタリアンにする？ 和食がいい？」なんて選択肢を並べずに、「きみに食べさせたいパスタがあるんだ。行こうよ」と爽やかに言ったほうが絶対にモテる。

イチオシ提案をする。

この手が効くのは、女性に限らない。敏腕事業家は、男女とも直感型が多い。直感型とは、物事の判断に、プロセス指向共感型回路とゴール指向問題解決型回路をすばやく切り替えて併用するタイプのこと。ビジネストークそのものは問題解決型で進んでいても、ときおり、ぱっと共感型に切り替えて、「きみはどう思う？」と聞いてくることがけっこうあるのである。

こんなとき、「僕、実は、A案イチオシなんです」とにっこり微笑めたら、この商談はたいていゲットできる。ゲットできなくても、相手の印象に残って、きっと次がある。

提案通りにならなくても、気にしなくていい

この件については、もう一つ、注意事項がある。

「あなたはどう思うか」と聞いてきたくせに、その通りにしない人がけっこういるのだ。こっちが「A案イチオシです」と言ったのに、A案以外を選んでくる。ゴール指向問題解決型としては徒労感を覚え、かなりムカつくだろうが、ここは気にしないことだ。

プロセス指向共感型は、本能的に「この提案がまごころこもったものかどうか」の判断のために、「あなたはどう思う？」を聞くのである。それに対する真摯な答えに、

提案者に対する信頼を感じ、いったん提案の全部（A案もB案もC案も）を受け入れてしまう。その上で、冷静に判断して、自分のためにC案を選ぶことだってある。

意見じゃなくて、気持ちを聞いてくる、とはそういうことだ。

「あなた、このバッグ、茶色とオレンジ、どっちがいいと思う？」という質問も同じ。よく男性が、「妻は、どっちがいい？と聞きながら、たいてい僕が選んだほうは買わない」と嘆いたりするが、気にしなくていい。女は、恋人や夫が、自分のために意識を集中してくれる時間を楽しんでいるのだ。彼の意見通りにするかどうかは、また別の話。

意見じゃなくて、気持ちを聞きたい……その意味がおわかりになっただろうか。

問題解決型が気をつけること② 否定から始めない

問題解決型の対話（事実文脈）は、相手の問題点の指摘から始める。

しかし、共感型の対話（心の文脈）は、共感で受け止めなければならない。この件については、「心の文脈」の節で、しつこく書いたので、ここでは繰り返さない。

ここでは、一歩踏み込んで、提案時の注意事項を述べる。提案時にも、「相手の問題点の指摘」から入ってはいけないのである。


たとえば、「カルボナーラ、食べに行かない？」と言われて、（え〜、なんだか重いな、蕎麦《そば》がいいな）と思ったとき、「え〜、最近飲み会が続いて、胃が重いんだよ。蕎麦ぐらいでいいよ」なんて言ってないだろうか。たいてい、彼女のテンションが下がってしまうはずだ。

「それもいいけど、蕎麦はどう？　あそこの鶏おろし、美味しかったから、もう一度行こうよ」なんて言ってくれたら、女の気持ちはちょっとアガって、たいていOKしてくれるのに。

共感型は、提案し合うことを楽しめる脳なのである。問題解決型は、自分の提案が通るかどうかを評価しがちなので、相手の案をちゃんと否定しないで、別の案を言うのは卑怯な気がするのだろうが、それは違う。

共感型にとっては、「前向きの別案」は、「僕も、二人の食事に対してアイデアがあるんだ」という意思表示に感じるからだ。

「息子のお受験」で意見が食い違ったときも、「お受験？　そんなの経済的に無理だよ。幼稚園のうちから、勉強させるの可哀そうだし」なんて否定から入らないで、「男にはさ、〝近所の友達〟って、必要なんだよ。夏休みとかにつるんで、一緒に大人になる友だち。そんな地元のおさななじみを作ってやりたいな。地元の小学校も見にいってみない？　そんなに悪くないかもよ」って言ってみればいい。

別案が思い浮かばないときは、いったん、話を受け止めておいて、後で言ってもいい。

いきなり、相手の問題点の指摘から入らないこと。

「世間話」であっても、「相談」や「提案」であっても、このセオリーだけは、外してはいけない。

まとめ

◇対話には、「心の文脈」と「事実文脈」の二通りがある
◇「事実文脈」は、問題解決型の脳によって展開される対話文脈
◇「事実文脈」は、相手の欠点を躊躇なく指摘して問題解決し、大切な人を混乱から救い出すための話法
◇問題解決型の相手には、結論から言おう
◇言いにくい結論には、「前向きの目標」をキャッチフレーズにして添えよう
◇問題解決型の人の質問を深読みしない

第4章

対話外コミュニケーション・ストレス

前章では、男女（正確にはゴール指向問題解決型VSプロセス指向共感型）の対話ストレスをゼロに近づけるためのさまざまな工夫を述べてきた。

一方、コミュニケーション・ストレスが生じるのは、対話だけではない。言葉を交わす以前に、「とっさの行動の違い」「とっさのものの見方の違い」によっても、ストレスは生じている。

この章では、対話に至る以前に起こっている、コミュニケーション・ストレスについて述べる。

無意識に繰り出される「とっさの行動」は、プライベートシーンのほうが露出しやすい。このため、家庭内の事例で話を進めていくが、職場の事例にも展開していくので、「結婚していないので関係ない」と断じずに読み進めてほしい。夫婦の機微《きび》がわかりにくい人は、両親のそれに置き換えてみよう。

職場では、「取るべき行動」のほとんどが決められているため、「とっさの行動の違い」は、表面的にはそれほどあるようには見えないのだが、やはり、深層に影を落としている。

4-1 ストレス・イーブンの原理① 見えないタスク

20世紀まで、男女のムカつきの理由を、女は「男が女を下に見ているから」だと思い込み、男は「女は感情的でバカだから」だと思い込んできた。

21世紀、女性の社会進出が進み、女たちは、社会的能力が男性に遜色のないことを証明している。男たちはもう「女だから」という理由だけで、相手を低く評価するということはなくなった。

一方で、男性たちの生活者能力は、一向に上がらない。共働きの夫婦には「ついで家事」(トイレに立つついでに汚れたコップを片付けるような) のセンスが不可欠なのに、夫たちの多くは、それができない。「名のある家事」(掃除、洗濯、料理、買い物、ごみ捨て) の手伝いだけでは、家事は終わらないのに。妻たちは、そこに〝家事意識の低さ〟ひいては〝愛情の欠如〟さらには〝人間性の低さ〟を見て、不満を募らせる。

21世紀型男女間ストレス

かくして、男女平等社会に、女たちの夫へのストレスはゼロにはならないどころか、倍増しているのである。社会で男性と伍して闘っているのに、いまだ家事の比重が圧倒的に自分にある。その不公平感である。出産と授乳に伴う身体的なダメージはすべて女性の側にあるのにもかかわらず。

じゃあ、その分、男たちは、楽になっているだろうって？　とんでもない。男たちのストレスは倍増どころか10倍に跳ね上がっている。**そもそも男性脳は「ついで家事」ができるようには作られていない。女性脳と同じようにそれをこなすには、強いストレスが伴うのである。**イクメン、カジダンたちは、それを突きつけられている。

男女が平等になって、世界が平和になるかと思ったら、男女間のストレスは募るばかり。コミュニケーション・ストレスの視点で見れば、誰も得をしていない。それが2020年の現状である。

タスクではなく、ストレスをイーブンにする

とはいえ、私は、男女不平等社会を懐古する気はない。

もう一歩先へ、時代を進めたい。

ストレス・イーブンという考え方の導入である。

今まで、人類は、平等をタスク・イーブンで捉えてきた。タスク（すること）の平等である。その考え方を変える。タスクじゃなくて、脳のストレスをイーブン（同等）にする。

そう考えると、家事の境界線が変わってくる。二人のストレスがイーブンになるタスク・バランス。それが実現されたとき、二人のストレスは、限りなくゼロに近づく。ストレス・イーブン≒総ストレスゼロの法則である。

ストレスをイーブンにするためには、互いに、相手の脳に、どのようなストレスがあるのかを認識しなければならない。

まずは、家庭内でよく起こるストレスについて。

「お茶のひとしずく」で女が絶望するとき

私の友人のカップルの場合。

彼は家で仕事をしているので、彼女よりも家で過ごす時間が長い。このため、自分でお茶を入れるのだが、「急須になみなみとお湯を注いで、ほとんどの場合、フローリングにお茶のしずくを点々とたらす」のだそうだ。

一緒に暮らして数年、彼女は、黙ってその「床の点々」を拭いてきた。濡れたそれを踏むのも不快だが、乾いたそれを拭くのはもっとたいへん。だけど、自分でお茶を入れるだけでも上出来な人なので、細かいことは言わずにきたという。

ある日、彼女の目の前で、彼が急須にお湯をなみなみと注ぎ、案の定、床にぽたりと垂らした。いい機会だなと思った彼女は、それを注意したのだという。何百回、いや下手すると何千回の繰り返しの果ての、やっと言えた一言……。

ところが彼は、それにかちんときたらしく、お客が来る度に「この人、細かいんですよ。たったひとしずく、床にお茶をこぼしただけで叱られる。たったひとしずくですよ」と訴えるのだという。

彼女の絶望を想像できるだろうか。

これが別れのきっかけになっても、私は驚かない。「あなたと別れる決心をしたのは、あの、お茶のひとしずく」と言ったら、男はきっと心底当惑するだろう。**その氷山の一角の下に、「彼女が捧げてきた人生時間」があることを知らないから。**

男性のほうは、「自分のやっちまった何百回」と、「彼女がしてくれた何百回」を知らない。「たかが、お茶のひとしずくに騒がれた」と感じている。だから、よくできる女房の尻に敷かれてやっている自分を、自慢半分で客に言ってみせるのに違いない。

男性の脳をのぞけば、罪がない。しかし、彼女に与えた絶望を考えると、危険でさえある。かくして、男たちは納得のいかない理由で、女たちに最後通牒を突きつけられ、「女は魔物」だの「女は謎」だのと言い合うのだろう。

ばかなことを言っちゃいけない。この世に「謎」も「魔物」もない。コミュニケーション・ギャップがあるだけだ。

夫の知らない家事

ちなみに、この〝症例〟の教訓は、**「彼女の一言」を決して軽んじないこと、そして、からかわないということだ。**その一言の後ろに、数百の「黙って耐えた」があると思ったほうがいい。

とはいえ、男性脳は、広い空間を制するために、「身の回りのあれこれ細かいところ」をあえて見ないようにして暮らしている。物理空間だけではなく、思念空間の広さを担保するためにも。女の百のため息に気づかないのは、しかたがないことなのだ。そこを責める気は毛頭ない。

「身の回り」が女性脳より手薄なことは、女たちも既に知っている。だから、黙って、いろいろしているのである。それなのに、「こいつは細かい」だの「ごちゃごちゃ言う」だの言われたら、その絶望は深い。二人の間に亀裂を作ってしまう前に、

「彼女の一言」の深刻さを思い知るべきである。

のちに述べるが、男性脳は、どんなに努力しても、家庭内で、女性が希望する通りには振る舞えない。これに関しては、女性の側の理解が必須なのだが、男性のほうも配慮が必要だ。

素直にあやまること。繰り返さないように、一応努力すること。

そして平常時、「自分の知らない家事」が、山ほどあることを認め、ざっくりとでいいから「いつも、ありがとう」の気持ちを忘れないこと。そして、ときにはそれを、口にすることである。

ボスの知らない仕事

気働きのあるスタッフに支えられているボスにも、その配慮が必要である。スタッフとボス、それぞれの性別にかかわらず。

ボスの役割は、長中期戦略の策定である。全体を把握して、遠くの目標を見失わないことだ。男性であれ、女性であれ、この感性を働かせている者には、目の前の「ごちゃごちゃ」は見えない。だから、スタッフが不可欠なのだ。

スタッフの側は、短期の戦術が求められている。こちらは、ボスの知らない「気働きタスク」を山ほど抱えている。

自分がかつてスタッフだった経験があっても、今のスタッフの気持ちが、万全にわかるわけじゃない。脳の組み合わせの妙が違い、時代が違う。


自分に見えないものを見てくれる相手は、至宝である。しかし、それはとりもなおさず、自分に見えているものを、自分が期待するようには相手が見てくれないという関係でもあるので、互いに「わかってくれない」「使えない」という不満を抱えがちだ。


脳は、「遠く」と「近く」を同時には見ることができない。あちらを立てれば、こちらが立たずなのである。

もちろん、ときには、脳をすばやく切り替えて、戦略も戦術も守備範囲にする天才もいる。世界の動きをつかみながら、トイレに飾る花にまで心が行き届く。しかし、そういう天才は、組織を大きくできないことがままある。自己完結の世界観から、会社を脱却させることが困難だからだ。

いいボス、悪いボスの見分け方

いい組織とは、ボスとスタッフが守備範囲を信頼し合って分け合い、「自分に見えない（できない）、多くのことを相手がしている」という敬意を、互いに捧げ合うことができる組織だと思う。

見えない才覚に敬意を払うこと。想像力を超えた先のセンスである。これができない人は、いいボスにはなれない。

たとえば、客として訪れたレストランのスタッフに敬意を払えない人は、残念ながら、人の上には立ってはいけない。

寒い季節に店内を暖め（暑い季節には店を冷やし）、快適な環境で、適切なサービスをするためには、素人が想像できることよりはるかに多くの気働きがある。カジュアルな店にだって、少ない予算でサービスを回していく、その工夫や努力がきっとある。その想像を超える部分に敬意を表していたら、性急に呼びつけたり、気に入らないことを尖《とが》った声でなじったり、お金を投げ出すように渡したりはできないはずだ。声をかけるときにはタイミングを計り、不満があれば落ち着いた声で改善をお願いし、最後は丁寧にお礼を言う。それができるボスならば、自分のスタッフの「見えない気働き」への理解がある。

男女を問わず、多くの人が、「上司や恋人がサービス提供者に、横柄な口を利くのが嫌だ」と言う。そこに**「相手の労働に対する想像力の欠如、自分の死角を認めない傲慢さ、人を敬愛できない了見の狭さ」**を感じるからだろう。それは、とりもなおさず、自分に降りかかってくる不幸の種である。

脳には死角がある

先に述べた通り、感性回路には2種類あり、同時同質には使えない。どちらかを優先させれば、もう一方が手薄になる。脳には、死角があるのである。

才覚がある人ほど、脳がピーキーなので（突出した使い方をするので）、死角は起こりやすい。

才覚がなければ、人の上には立てない。

しかし、他者の「見えない才覚」に敬意を表することができなければ、人の上に立つ資格がない。


男女の場合、生殖本能にのっとって、愛は自然に始まる。

しかし、四の五の言わずに、相手をまるっと敬愛する度量がなければ、愛され続ける資格がない。


この世のほとんどの脳が、真摯に、よりよく生きようとしている。その戦略の一つとして「がさつさ」も「繊細さ」もあるのである。私には、「お茶をこぼして、それを知らない脳」にも才覚を感じられるし、「さりげなく、黙って拭く脳」にも高いセンスを感じる。

ダメなのは、「自分の見ている世界がすべて」だと信じ込んでしまっていることだけだ。相手の言うことを信じないで軽んじる、そのことなのである。

ゴール指向問題解決型の才覚は、成果・業績が見えやすい。しかし、気働きというプロセス指向共感型の才覚は、ほとんどの場合、明確な業績に数えられない。

だからこそ、ゴール指向問題解決型の回路を使う人は、よりいっそう気をつけなければならないのである。想像しきれない多くの気遣いに、四の五の言わずに感謝しよう。

急須をやかんに変えてみる

「困ったことを繰り返す」家族や部下あるいは上司に手を焼いている側の方にも提言したい。

誰かが同じことを繰り返すのなら、そもそもの「仕組み」を変えたほうが早い。

先の例で言えば、急須のお茶を毎回こぼすのなら、**彼が持ち出す道具を変えたほうがいい**。キッチンで、急須から保温性のステンレスボトルに移し替える習慣にするとか、昔の部活男子みたいにお茶パックを放り込んで、やかんで持っていかせるとか。

彼のセンスには、「急須でお茶を入れる」という行為自体が、たぶん繊細すぎるのである。

けれど、私のこの提案、多くの妻にはしっくりこないと思う。なぜならば、真の問題は、「お茶のしずく」ではないのである。もとより「がさつな夫でいてほしくない」という願いがあって、今回は、たまさか急須でそれが表層化しただけ。

急須をやかんに変えたところで、がさつな夫は、やっぱりがさつ。やかんなんか持たせたら、かえってがさつさが目立ってしょうがない。

急須をあきらめず、そのしずくを何百回も黙って拭くところに、私は彼女の「期待」を感じる。いつか彼が、お茶をこぼさない繊細さを身につけてくれるに違いない、そうしたら、他のこともきっと変わって、もっともっと愛せるのに……と。

しかし、夫は言ってもわからない。このため、いくばくかの妻は、せつない期待をあきらめて、黙って耐えることを選ぶ。残念なことに、この先には「突然の別れ」が待っていることが多い。多くの妻は、がみがみ派に変わる。けれど、がみがみ言うくらいなら、やかんを持たせたほうがいいと私は思う。

郷に入れば郷に従え、を見直してみる

誰かが失敗を繰り返すのなら、失敗を繰り返さない方式を検討してみる。この考え方は、職場のダイバーシティ・インクルージョンにも有効である。

私自身は、秘書が30代女性から60代男性に変わったとき、業務の仕組みをかなり変えた。世代も性別も違う二者間では、「とっさの勘」が違うので、やりやすい方法（ひいては失敗しない仕組み）が違うのである。期待する方向も変えた。女子同士のツーカー感は消えたが、ベテランの知恵がもらえた。

家庭では、妻がマジョリティ、夫がマイノリティである。人数比は1：1だけど、暮らしはプロセス指向共感型向けにできているからだ。この場合は、妻が、夫の「とっさの癖」をうまく制御する方法を考えなければいけない。

職場では、多くの場合、女性や外国人がマイノリティなので、配慮は逆になる。

「女性の部下」や「女性の上司」に、何か共通した不満を感じるのだとしたら、そこに、女性脳が認知しにくい、職場の「暗黙の了解」があるはずだ。

いずれにしても、**女性脳が自然にしてしまうこと、男性脳が自然にしてしまうことを互いに知るべきである。そのうえで、譲歩できることと、換えてほしいことを考える必要がある。**その相互の歩み寄りのために、この本がある。

昔の人は、郷に入れば郷に従え、と言った。

長年踏襲されてきた方式には深い意味がある。それを身につけたとき、腹に落ちてくる暗黙の学びがある、と。たしかに、それは、深遠の真理だと思う。

学生時代、共に茶道を習っていた友人が、早々と挫折した私にこう言ったことがある。――「あなたは、高々お茶を入れるだけのことに、手順がなにやかや面倒くさすぎる」と言ったけど、あれ、身につけてみると、あの手順しかないとわかる。手を動かしているうちに、すっと心が落ち着いて、自然に身体が手順を追うのよ。すると、お茶室が宇宙に変わる。どこにも無駄がなく、どこにも不足がない。

私は、友人のことばで、「郷に入れば郷に従え」ということばの深さを知った。最初は違和感があっても、その世界に素直に身を置いてみる。すると、その世界観が、自分の脳に入ってくる。そうやって人は成長できる。

洗練の世界に身を置いて、素直に従い、達人になっていくことを私は素晴らしいと思う。そういう修行の機会が、この世から消えてほしくない。

とはいえ、茶道が成立するのは、それが趣味嗜好の世界だからだ。10人のうち1人が、私の友人のような陶酔の世界を知る。それでいいのである。挫折した9人は、別の修行をすればいい。

もちろん、会社組織の中でも特殊技術を要する部署などには、このやり方があっていい。別の部署への異動が叶うことを前提として。

しかしながら、性別、国籍・民族、身体状況の違う者が混じり合って共存する21世紀型の会社組織では、もう少し柔軟性が求められる。ときには、急須に固執せず、やかんを持たせるような覚悟がいる。

急須をあきらめるということは、そこに付随する「センス」をあきらめるということだ。やかんのがさつさに耐えて、あえて成果を得るということだ。

20世紀型の「ほぼ単一民族の、ほぼ男性」で構成された会社組織には、暗黙の了解で成り立っているある種の美学があったのに違いない。しかし、その郷愁に浸っていることはもう許されないのかもしれない。

80億の住む地球で

今や、この星に80億に迫る人間が暮らしているのである。ちなみに、日本の会社が「ほぼ日本人男性ばかり」で構成されていた古き良き時代＝私の大学時代（１９８０年ごろ）のそれは44億人である。

80億人が生きていくためのエネルギーを生み出す使命が、人類にはある。それだけでもう暴力的なことだと私は感じる。しかも、２０５０年には１００億に至るという。１９５９年生まれの私も、下手すると、生きているうちにその人口過密な地球を体験することになる。

混ざることに慣れなければ、そして、それを武器にすることへの覚悟を決めなければ、もう、誰も生き残れないのではないか。

「郷に入れば郷に従う」を見直す機知は、きっと、美しい何かを消してしまうのだろうが、必ずや、別の愛おしい何かを生み出すはずである。人間愛に触れる何かを。そして、タフな経済力を。

時代は、ひとときも止まらない。先へ進もう。

まとめ

◇脳には死角があり、感性の違う相手のしていることのすべてを感知することはできない
◇家庭には「夫の知らない家事」が、職場には「ボスの知らない仕事」が溢れている
◇世界は「自分の見えていない気働き」が溢れていると信じて、周囲にざっくりと感謝する
◇郷に入れば郷に従う（組織のマジョリティのやり方を、マイノリティに押し付ける）のを止めてみる

4-2 ストレス・イーブンの原理②　「できない」には理由がある

さて、21世紀の妻たちの絶望がどこにあるか、夫たちは知っているのだろうか。「暮らしに参加する気がない」、そこに尽きる。

風呂掃除も、皿洗いも、買い物だって手伝っているのに⁉と、夫たちは驚くかもしれないが、炊事・洗濯・掃除などの名前のついている家事をシェアするだけでは、残念ながら、「暮らしのパートナー」という栄誉は与えられない。

なぜなら、今、妻たちを苦しめているのは、名もなき〝ついで家事〟だからだ。

妻の時間を奪う〝ついで家事〟

我が家は今年、乾燥機付き浴室&脱衣室と、大型ウォークイン・クローゼットを隣接させた家を建てた。洗濯物は浴室&脱衣室にゆったりとハンガードライできるので、せっせと物干し場所に運ぶ必要がなくなった。乾燥後それらを隣室に持ち込めば、洗濯終了である。「取り込み」も「たたみ」もないに等しい。「洗濯」と呼ばれる行為は、今や、洗濯機から出してハンガーに掛けるだけになった。

目的のしっかりした〝名のある家事〟は、こうして、合理化できる。家族で手分けもしやすい。


一方で、「テーブルに置き去りにされた汚れたコップを片付ける」「家族が脱ぎ捨てたTシャツを拾う」「出しっぱなしの爪切りを片付ける」「傘を干す、たたむ、しまう」「開けっ放しのカーテンを閉める」「つけっぱなしの電気を消す」「トイレットペーパーの予備ロールがないことを感知してセットする」「歯磨きペーストが残り少ないのを感知して買い物リストに加える」「洗面所の鏡を磨く」「冷蔵庫のちょっとした汚れを拭く」「生ごみ容器にアルコールスプレイをかける」などなど、気働きの家事たちは無限に溢れている。

子どもがいたら、さらに果てしない。夕飯の買い物のついでに、「明日、子どもの習い事の月謝を払うことを思い出して、1万円札を崩す」なんてことも含まれるのだから（！）。それができない主婦は、さらに多くの時間を暮らしに費やすことになる。AI家電がいくら発達しても、けっしてゼロにはならない、先へ先への気働き……

妻たちの体力と時間を容赦なく奪うのは、この〝ついで家事〟なのだ。

これを手伝わないだけではなく、ないもののように振る舞う夫に（ましてや増やしてさえくる夫に）、妻は絶望していくのである。

先日、ある40代女性向けのファッション誌が取材にやってきた。事前アンケートによると、夫への不満の圧倒的な一位は「ぱなし」。脱ぎっぱなし、飲みっぱなし、置きっぱなし……。「毎晩、夫は、風呂上がりにビールを飲むのですが、そのコップがテレビの前に置きっぱなしになっている。何度言っても、片付けてくれない。朝の忙しい時間に、ビール臭いコップを片付けるのは、本当にイラッとする。寝室に向かうときに、キッチンのシンクに置けばいいだけなのに、なぜ、夫にはそれができないのか（怒）」

度重なると、妻は家族への思いやりの欠如を感じ、さらに度重なれば、夫の人間性の低さだと断じる。夫は信頼を失い、同居人へと降格していく。たかがコップ、されどコップである。

「やらない」のではなく「できない」のである

しかし、私は、すべての妻たちに告げたい！

ゴール指向問題解決型の脳には、「立つついでに、目の前のビールのコップに気づいて、片付けながら寝室に向かう」は、意外に難題なのである。

まぁ、毎日のことなら、さすがに習慣になってもいいとは思うが、その日たまたまそこにあるコップには、ほぼ気づけないと思ったほうがいい。

テレビCMの間に、トイレに行って帰ってくるだけでも、女は数個のタスクを片付ける。

立ったついでに、テーブルの上の汚れたグラスを片付け、トイレの帰りに、玄関に干してあった傘が乾いているのに気づき、それをたたむ。ついでに、消臭剤の残り具

合を確認し、家族の靴を揃える。そこまでしても、台拭きを取りに行くことを忘れず、テーブルを拭く。
　CMの間に、さりげなく、それだけのことを片付けてしまうのである。それが家族と家庭への愛着の証である。
　それなのに、夫ときたら、同じことができない。汚れたグラスも、干してある傘も、一顧だにしないで、ただトイレに行って帰ってくる。その気働きのなさ、思いやりのなさに、妻は、絶望してしまう。
　先日、ある女性が、こんな話をしてくれた。——夫がTシャツを脱いだので、

「脱いだら、速攻、洗濯かごへ！」と言ったら、素直にTシャツを持って脱衣場へ行った。ただし、先に足元に脱ぎ捨てたスウェットと、娘のワンピースを、わざわざ跨《また》ぎ越して。あれは、絶対、嫌がらせですよね？

ゴール指向の脳には、コップが見えない

さて、ここで、思い返してほしい。男性脳は、ゴール指向である。目的を決めたら、一直線なのだ。

目標を決めたら、「目の前のあれやこれや」「周囲のごちゃごちゃ」は、目に入らないように脳がフィルタリング（排除）してしまうのである。

何度も言うが、男性脳は、狩人の脳として進化してきた。「あのウサギを狩る」と決めたら、「あ、バラが咲いてる」「あ、イチゴが熟してる」なんて、よそに目が向くわけにはいかないのである。

だから、目標をトイレと決めたら、コップや傘が目に入らない。狩りの最中に、足元のバラやイチゴが目に入らないように。

一方、女性脳は、「周囲のあれやこれや」を緻密《ちみつ》に拾うほうが断然有利だ。子どものわずかな体調変化にも気づけるように、あるいは、キノコの採取に出かけたとしても、道中に見つけたベリーも薬草も摘めばよいわけで、**自分を原点に、半径3メートル以内を面でつぶして、なめるようにものを見るようにできている。**

家庭内は、たいてい半径3メートル以内で片が付く。リビングのソファからトイレまでの動線に山ほどのついで家事を見出すことができる。

そんな妻たちにしてみたら、夫たちにあの汚れたコップが見えていないなんて、にわかには信じがたいが、事実そうなのである。

男にとって、ついで家事は難易度が高すぎる

夫たちに、このついで家事をやらせようと思ったら、タスクごとに目標を立てて、遂行プログラムを作ってやる必要がある。目標は数個にも及ぶ。

テレビCMの合間にトイレに立つときのゴールは、「目標1：テーブル」「目標2：キッチン」「目標3：トイレ」「目標4：玄関」「目標5：キッチン」となる。

この任務遂行リストを、マニュアルにして、壁にも貼り、何度か訓練すれば、きっとできるようになる夫もいるだろう。いるだろうが、そのストレスは計り知れない。タスクリストを一つ進める度に、夫の脳は、「遂行タスクが他にないかどうか」の検索をし、目標を立てなおす必要がある。ほぼ無意識にこれらをこなす妻の脳の、優に数倍はストレス負荷がかかる。

それでも、夫に、ついで家事をやらせますか？

適材適所でストレス・イーブンに

我が家の男子たちは、汚れたコップに気づかないけど、家具を組み立てるのはうまい。

通販で届いた棚やベッドを組み立てるとなると、私はかなり緊張する。なぜならば、プロセス指向共感型の脳の使い方が、ここでは邪魔をするからだ。設計図の中から、「やるべきことの道筋」だけが見える夫と違って、「自分なりのものの見方」に翻《ほん》弄《ろう》されて、なんだか混乱してしまう。ねじを締め始めても、なんとなく、先の手順をやってしまって、一つ手順をとばしたりしている。

というのも、**プロセス指向共感型の脳は、「気づいたところから、さっさとやる」が基本。**全体の整合性を確認する時間も惜しんで、気づいたタスクに、躊躇なく手を出すのである。そうでなければ、無限のタスクが折り重なり合う家事なんか片付かない。

あるとき、私はこう考えた。「私に毎日違う家具が届いて、夕飯の後にさっさと組み立てて、と言われ続けたら、きっと家に帰るのが嫌になってしまう。夫に、ついで家事を望むのは、同じことじゃないか」と。

脳のとっさの使い方が違うということは、そういうことだ。

誰かが自然にできることが、誰かにとって、圧倒的にストレスだったりする。互いにストレスの少ないタスクを担当し、どうしても手伝ってもらいたいときは、量のバランスを工夫する。それが、私が導入した、ストレス・イーブンの法則である。

「やらかしてしまう」ことは、まずはシステムで吸収する

ついで家事は、多くの家庭で、ほとんど女性に委ねられている。妻たちは「繰り返し言っても、してくれない。手伝ってくれない」と嘆きながら、ストレスを増大させている。一方で、男性たちは、その存在を察知することもできず、その都度がみがみ言う妻に戸惑い、ぎすぎすする夫婦関係にストレスを増大させていく。妻のストレスの分だけ、夫が楽になっているわけではないのだ。

妻には、「夫ができないこと」をあきらめる覚悟も必要だ。「何度言っても、ポケットにティッシュを入れたまま、洗濯機に放り込む。ティッシュまみれになってしまった洗濯物って、本当に始末が悪いんです」と嘆く女性に、「頻発するなら、彼には一生できないかも。あなたがチェックしてあげればいいのに」と言ったら、「それって、私の仕事ですか⁉」と驚かれた。「なぜ、してあげちゃいけないの？　ほかのことで借りを返してもらえばいい」と私は微笑んだ。

「でも、洗濯機の中に、他の洗濯ものに混じって入っているので、私も見逃すんです

よ。やっぱり、彼にやってもらわないと」と言うので、「だったら、洗濯機に直接入れさせるのをやめればいい。洗濯かごを導入すればいいのに」とアドバイスしたら、「あ〜、洗濯かごね。たしかに」と、彼女が納得してくれたので、私はほっとした。万が一、「彼の衣類に触れたくないんです」と言われたら、次の手がなかったから。

先に述べた「急須をやかんに変える」と同様、「夫がやらかしてしまう」ことを、できるだけシステム（手順）で吸収する工夫が、まずは急務である。

職場では、その辺が家庭よりもドライに行われている。「多くの人が」あるいは「少人数でも頻度高く」やらかしてしまうことは、そうならないようなシステムにする。ヒューマンエラーを防ぐ、基本のキである。

家庭では、「夫のやらかしてしまう」ことが、「だらしなさ」や「妻への思いやりの欠如」に置き換えられてしまうことが多く、これが難しい。

妻は、「夫がやらかしてしまうこと」を、心の問題にすり替えないこと。そして、システムで工夫できることは、どこまでもすることだ。

私なんか、「夫がビールのグラスを片付けないのがひどくストレス」と嘆く女性のために、「グラスを手にしないと寝室に向かえない仕組み」が作れないかどうか、ひとしきり考えたもの。

夫の家事は、一点豪華主義から始めよう

もちろん、夫のついで家事を全部免除するわけじゃない。脳は「逆の使い方」を訓練することで成長するし、脳を万遍なく使えば、ボケにくくもなる。さらに、「相手がやってくれていることの素晴らしさ」を知ることにもなる。

私は、夫に、家事仲間になってもらったが、期待値を潔くゼロにするところから始めた。その上で「どうしてもやってほしい家事」を厳選して切り出し、それを定番化してきた。褒める・感謝するを忘れないようにもしている。

その努力（35年）の果てに、今や、夫ほど気持ちいい家事の相棒はいない。タスクの量で言えば、圧倒的に私が多いのだが、ポイントポイントを押さえてもらっているのでスムーズなのである。たとえば、料理はまったくできない夫だが、「麺類をゆで

る」プロフェッショナルになってもらった。蕎麦《そば》・うどん・パスタとなったら、彼が登場する。私が薬味を用意して、だし巻き卵を作ったりしていると、隣で絶妙の歯ごたえの蕎麦が出来上がる。氷でしめるタイミングも手際も惚れ惚れする。

私の友人は、「お米を研ぐ」に絞ったと言う。子育て中はお弁当もあるので、「夜、お米を研いで炊飯器に仕込む」は不可欠なのだが、これが案外ストレスのある家事なのだ。うっかり忘れたまま、お風呂に入って、美容クリームを塗った後の手で、お米を研ぐとなると……本当に萎《な》える。というわけで、これを夫の定番タスクとした。最初は、夫が忘れたときの備え＝「冷凍ご飯」を陰で用意しつつ。

夫を、家事に参加させようと思ったら、一点豪華主義で始めるのがオススメ。自分がストレスを感じる家事を、一つだけやってもらう。ただし、最初は、失敗したときのリカバリーが可能なようにしておこう。ゆっくり時をかけて、できるタスクを増やしていけば、定年夫婦になるころにはいい相棒になる。

工夫もせずに、ただ「思いやりのなさ」だと思い込んで腹を立てていても、何も始まらない。**「夫婦」になるには、工夫と根気がいる。**それでも、それだけの価値があるる。何せ、人生100年時代である。夫婦時間は70年にも及ぶのだ。時間はたっぷりある。

タスクの超過分は、感謝で返す

そして、忘れてはいけない、大事なこと。

夫（正確には組織のゴール指向問題解決型を担当する側）は、妻（正確には組織のプロセス指向共感型を担当する側）の気働きの多くを知らない。そのことを腹に落とし、敬意をもって接し、感謝のことばを常に心がけることだ。

敬意をもって接するということは、相手の言うことをことさら軽んじたり（うるさがったり無視したり、自分のほうが稼ぎが多いというアピールをする）、他人相手に揶揄《やゆ》したりしない（「こいつ、細かくて」「常に妻のいいなりですよ」などと言わない）ということ。

感謝とねぎらいのことばさえあれば、家事を余分にしてあげることなんて、一向に厭《いと》わない、という妻は案外多い。ストレスは、「してくれない」より「わかってくれない」で増大する。逆に、感謝を捧げることで、ストレスは軽減できるのである。

家事をうまく分け合うと言ったって、家事タスクの量は、どうしたって、プロセス指向共感型の超過バランスになる。その超過分を「敬意」と「感謝」で少しでも取り戻そう。

このことは、職場でも言える。**上に立つ者が、スタッフへの感謝を忘れなければ、スタッフの気働きは、何倍にも増える。**

もしも、スタッフの気働きが足りないと感じるのなら、ボスの感謝が足りないのかもしれない。

気働きストレスの超過分は、感謝で返す。肝に銘じなければ。

万国共通のコミュニケーション・ツール

お客として、お店に入ったときも一緒だ。特別なサービスをしてくれたわけじゃなくても、店を開けて迎え入れてくれただけでも、レストランのスタッフに感謝する。

「ありがとう」と言うわけじゃないけど、「こんにちは」に、その気持ちを込める。すると、いっそうの気働きをもらえる。

世界は、自分の気づかないことで満ちている。自分の知らない周囲の気働きで、今日も、自分は快適に生きている。そうまるっと認めてしまうと、世の中が一気に優しくなる。

感謝は、万国共通の、最高のコミュニケーション・ツールなのである。

タスク超過側も感謝をケチらない

そして、忘れがちだが、逆の立場の側も、感謝を忘れてはいけない。

タスクの量で言えば、妻のほうが、きっとずっと「名もなき、気働きの、ついで家事」をこなしている。

しかし、何といっても、相手はその総量を知らないのだ。自分がやっていることが全体の数パーセントにも満たないということは、基本的にわかっちゃいない。このため、「自分がしていることに感謝がない」ストレスは、夫も同じなのである。

妻からすれば、10のうちたった1個してくれただけなのに、なぜ私が感謝しなきゃならないの⁉と思うかもしれないが、それはそれ、やってくれたことを総量で割らないで、一個一個、感謝してあげてほしい。

脳のストレスを乗り越えて頑張る者にとっては、家族の感謝は、大事なモチベーションなのである。

来る日も来る日も、雨の日も風の日も会社に行くことを褒めてもらいたいとは思わないが、お風呂を丁寧に洗った日には、「まぁ、さすがパパが洗うときれいね」と言ってもらうと気持ちがアガる。それが夫ごころである。

感謝をケチらない。それは、超過してタスクをこなしている側にも重要なセンスだ。妻にとっては些細《ささい》なタスクだけれど、夫にとっては強度のストレスを伴うこともあるのだから。タスクはたしかに妻側に超過だが、もしかすると、ストレスでいえば夫側に超過なのかもしれない。

私が、「妻と夫の家事時間」を単に数字で比較するのが好きじゃない理由はここにある。「感性回路のとっさの使い方」傾向によるバイアスをかけないと、正確なストレス・イーブンは見抜けない。

家事ストレスの感性バイアス

プロセス指向共感型がうまく使える者にだって、家事ストレスの感性バイアス（ストレスの偏り）はある。私は、掃除機をこまめにかけるのがうんとストレスだが、冷蔵庫の残り物でおかずを作り出すのは何らストレスじゃない。同居しているうちのお嫁ちゃんは、真逆なのである。

私にとっては、ついで掃除の10分と、ついで料理の10分は、ストレスが100倍違う。お嫁ちゃんにとっては、その逆になる。というわけで、私たちは、潔くこのタスクを分け合った。彼女は、無邪気に「おなかが空いた」と私に甘えるし、私は遠慮なく「ここ、掃除機かけてほしい」とお願いする。

家族は甘やかし合っていい

息子もまた、料理はノンストレスでやるのだが、洗濯物を干すのは、この世で一番嫌いなタスクだそうで、我が家では、彼には誰もそれを強要しない。彼には、無邪気に汚れ物を差しだして「これ、洗って」と言う権利がある。代わりに夫が、手際よく洗濯物を干してくれる。その夫の夜食は、息子が作る。

我が家は、互いを甘やかし合って、総ストレスを限りなくゼロにしている。私たち夫婦と息子夫婦、4人それぞれの個性が際立っていて、まったく違うので、絶妙のバランスでうまくいっているのだと思う。

私たち家族の長所は、誰も完璧主義じゃないってことだ。そして誰もが基本「してあげたがり」で、自分の「できないこと」にとても甘く、他人のそれにもけっこう甘い。まれに「どうしても譲れない」ことがぶつかることもあるし、その際にはかなり激しいけれど（感性が違いすぎて直感でわかり合えないので、理詰めになる）、比較的仲のいい家族だと思う。

その経験から言うと、家族のコミュニケーション・ストレスの総量を少なくする最大のコツは、完璧主義を止めるってことかもしれない。**まずは、自分を甘やかすこと。**それができたら、家族をゆるすことができる。

人は「足りないところ」でモテる

子育て中、私が息子の欠点「片付けられない」を甘やかすので、周囲からは「ちゃんと躾《しつ》けないと、大人になったときに苦労する」とよく言われたのだが、結局は、彼の足りないところを補って余りある「片付け屋さん」のお嫁ちゃんがやってきた。

男女の妙で言えば、**「足りないところ」は、異性の「してあげたい」本能を刺激する接着剤である。**「足りないところ」と「あり余って、他人にしてあげたいところ」がまだらにある人のほうが魅力的であり、結局、得をしている。

後で述べるが、脳には欠点だけの機能はない。突出した欠点がある限り、突出した才能が必ずある。

私は、それを知っているから、家族の欠点を正したら、彼らの愛すべき何かが消えてしまうに違いないと恐れてさえいる。息子が脱ぎっぱなしにしたズボンを片付けながら、今日も、息子が息子らしいことを喜んでいる。夫の気が利かない発言にも、同じ愛着を感じる。

コミュニケーション・ストレスゼロへの道

この感性が会社でも使えたら、かなり楽になれる。周囲が柔和《にゅうわ》になる。「甘やかす」と言うと、会社では使ってはいけないことばのように聞こえるかもしれないが、それをあえて使ってみてほしい。

その人にできることを伸ばし、信頼して任せ、代わりにできないことを支える仕組みを考える。仲間で支え合うのか、スタッフが支えるのか、システムで支えるのか、AIが支えるのか、21世紀には選択肢が多い。

ひとりひとりを完璧に仕上げようとするより、早くて効果的で、しかも発想力豊かで、結束の固い組織になる。というか、多様性の高い現代社会（全員がよく似た育ちの日本男性というわけにはいかない）では、まだらな感性をうまく組み合わせることにしか、答えはない。

――「できるところ」を讃えて、「できないところ」を甘やかし、世界には「自分

の見えていない気働き」が溢れていると信じて、周囲にざっくりと感謝する——

コミュニケーション・ストレスゼロへの道しるべは、この一文に尽きる。この一文を納得してもらうために、私は、この一冊分の文章をしたためているのである。

まとめ

◇21世紀の夫婦間ストレスは、主に〝ついで家事〟によって生じている
◇「やらない」のではなく「できない」のである
◇「やらかしてしまう」ことは、まずシステムで吸収する
◇適材適所と、互いの感謝で、ストレス・イーブンを実現する
◇「できるところ」を讃えて、「できないところ」を甘やかす

4-3 ストレス・イーブンの原理③ 脳には欠点だけの機能はない

前節でもちらりと述べたが、脳には欠点だけの機能はない。

私は、ヒトの脳を装置として見立て、ＡＩ化する視点で、その機能を追究してきた。37年になる。その積み重ねの中で、ある確信が生まれた。**「脳は、一秒たりとも無駄なことはしない」**である。

女の無駄話だと思われてきたものが、「深い気づき」を生み出すための演算の一部だった。

男が家の中で気が利かないのは、「遠くのゴール」に集中するための演算の一部だった。

たとえば、「ビビりでぐずぐず」も、悪いことばかりじゃない。理系の能力に不可欠なのは空間認知力。この能力を下支えする、集中力を作り出すホルモン・ノルアドレナリンは、ビビりのホルモンでもあるからだ。

「ブランコを怖がり、何をするにも消極的でぐずぐず」だけど「自分の興味のあることに夢中になる時間が長め」という子は、将来、数学や物理学でセンスを発揮する可能性が高い。こういう子のお尻を叩いて、「今日は英会話、明日はスイミング、明後日は塾……」なんていう暮らしをさせるのは、あまりにももったいない。こういう脳には、「暇な時間」が不可欠だからだ。

ちなみに、「ビビりでぐずぐずで注意力散漫」な場合は、脳内神経信号を制御するホルモン群の分泌不足が考えられる。この場合は、早寝・早起き・栄養バランスのいい朝ごはんが不可欠なので、放っておかないで。

「心の動揺」が、危機回避能力を作る

若い女性は、心の動揺が長引く傾向にある。

とくに、怖い目に遭ったときは、しばらく動揺している。「さっき、駅の階段でつんのめって落ちそうになっちゃった。怖かった〜。……落ちちゃったらと思うと……ひゃ〜」というように。

男性からしたら、「転びそうになったけれど、転ばなかった話」を、なぜ延々とできるのかわからない。しかし、これもまた、無駄話などではない。プロセス指向共感型の演算の一部なのである。

対話ストレスの章でも述べたが、感情で過去のプロセスを反芻《はんすう》すると、脳は再体験する。そこに「深い気づき」が生まれる。

怖い目に遭ったときは、それが短期間バージョンで、何度も行われているのである。**つまり、「危険な目に遭ったときの状況」と「そこに至るまでのプロセス」を、何度も反芻しているのだ。そうして、何か気づきがあれば、それを「とっさに使える知恵」として、蓄える。**ほぼ無意識のうちに。

このように、プロセス指向共感型の回路をとっさに使う人は、初めての「ネガティブな体験」には動揺が長引くのである。

田舎から出てきて、慣れない革靴で出勤して、都会のラッシュアワーに押し流されて、階段から落ちそうになった若い女性は、しばらく怖がっている。けれど、次の日には、けっして同じ目には遭わない。無意識のうちに、改札を出るときの身体の向きを変えたり、歩幅の大きい男性をやり過ごしたりしているからだ。

女の底力＝平時の危機回避力

こういう経験を重ねて、女性は、動揺しなくなってくる。

年を重ねた女性は、腹の据わり方が半端ない。危機回避能力が圧倒的に高いことを、本人の脳が知っているからだ。老舗旅館や料亭に女将《おかみ》が不可欠なのも、看護師の男女比が圧倒的に女性に傾いているのも、この能力のために違いない。

若いときに失敗を重ね、動揺した脳ほど、後年の危機回避能力は高い。女性たちは、失敗を恐れることも、動揺した自分を恥じることもない。その「動揺」こそが、やがて家族や部下を守る、大事な危機回避能力を作っているからだ。もちろん、動揺しやすい男子にも、同じことが言える。

この話を、自衛隊新聞「朝雲」のコラムに書かせていただいたことがある。

若い女性は心の動揺が長引く傾向があるのに、それを自制して、国防や災害支援の最前線にいる女性自衛官へのエールとして。ときに、自分の中でナイーブな気持ちが長引いたとしても、それを恥じることはない。その時間に危機回避能力が上がり、やがて、仲間や国を守る基礎力になるから、と。

そうしたら、男性自衛官の方から、丁寧なメールをいただいた。自衛隊では、女性の危機回避能力の高さについて、既に把握している、と。

平時の危機回避能力に関しては、女性のいるチームのスコア（評価点）が圧倒的に高いことが認められており、今現在（2019年6月現在）、尖閣諸島《せんかくしょとう》を守っている隊のトップは女性自衛官だと教えてくれた。

現在休止中ではあるが、東京電力では、原子力発電所の運転員にも、女性は積極的に導入されていた。男性と違うところに勘が働くことが経験上知られており、それを期待されてのことだった。

危険と隣り合わせにあり、ヒューマンエラーを限りなくゼロに近づけたい領域では、女性の危機回避能力は、正式に期待されているのである。

男性にもプロセス指向共感型の使い手がいて、動揺しながら危機回避能力を伸ばすタイプもいる。けっして、男性だけのチームの危機回避能力が低いと言っているわけでも、男性看護師がダメだと言っているわけでもない。

要は、**ゴール指向問題解決型とプロセス指向共感型を組み合わせたほうが、命や国を守れる**という話だ。

組織ごとに理想の感性比率は違う

男性だけでも、女性だけでも感性傾向の混在チームは作れる。厳密には、戸籍上の性別による男女比は、感性比率（ゴール指向：プロセス指向）とはイコールではない。

そして、チームの使命によって、理想の感性比率は大きく違う。問題解決を旨とする会社の取締役会などでは、ゴール指向問題解決型に比重をかける必要があり、「患者への気づき」を使命とする看護師の場合は、プロセス指向共感型に比重をかける必要がある。

そういう意味では、個々の脳の感性傾向を無視して、組織の使命にかかわらず、女性の数を○％にするのが目標、というのは、いかがなものか。

女性蔑視を払拭する、女性活躍推進の施策としてはいいキャンペーンだとは思うが、チームの使命に則した適正感性バランスを勘案しない人材配置は、ストレスを生む。結局、配置された女性たちに、そのしわ寄せが来るのである。

女性管理職が増えない理由の一つに、女性たち自身が管理職昇進を積極的に望まないことが挙げられている。数合わせの昇進をさせられ、自分の脳とは違う脳の使い方を強制され、ストレスフルな上に「やっぱり女は」などと陰口をたたかれる。そんな道を、誰が望むだろうか。

個々の脳の感性傾向を知り、チームの感性適正バランスを図り、個人の活躍のしやすさと組織力を共に高める……コミュニケーション・サイエンス（人間関係の科学）は、多様性の時代の「人事の常識」になってほしい。

そうなって、はじめて、女性（正確にはマイノリティ）が伸びやかに活躍できる社会がやってくるのだろう。

懲《こ》りない脳が、危機対応力を上げる

動揺する脳が、危機回避力を上げる一方で、懲《こ》りない脳が、危機対応力を上げる。「狩人の脳」として進化してきた男性脳は、動揺を長引かせるわけにはいかない。谷に落ちそうになった動揺が15分も長引いていては、次の危機に対処できない。

このため、一般的な若い女性脳よりずっと早く、動揺から抜け出すのである。ということは、危機回避能力を十分には上げられない。

そんな男性脳は、女性から見れば、「懲りずに失敗を繰り返すが、その度に身の処し方が優秀になっていく人たち」だ。そりゃそうだろう、その都度「二度と同じ危険な場所に足を踏み入れない」ように脳を書き換えていったら、やがて狩りに出られなくなる。

動揺しやすい脳が「平時の危機回避力」を蓄え、懲りない脳が「有事の危機対応力」を上げる。この二つが揃わないと、大切なものは守れない。

脳には、欠点だけの機能はないのである。

「女は感情的で、無駄なことをぐずぐず言う」と断じてしまったら、「平時の危機回

避力」は手に入らない。「懲りずに、同じことを繰り返す」ことに我慢ができなかったら、「有事の危機対応力」が手に入らない。

人を育てる覚悟

誰かの能力を伸ばそうと思ったら、「その能力を育てるための感性」をも包含して認めなければならない。

「能力を育てるための感性」は、多くの場合、欠点に見える。動揺する、懲りない、ビビりでぐずぐず、などなど。

脳には、欠点だけの機能はない。欠点なしで伸びる能力もない。

本当の男女平等社会は、相手の能力を認めるのみならず、それを下支えする「欠点に見える感性」をも認めなければ、達成できない。

人を育て、最高の組織を作るには、覚悟が要る。その覚悟がなかったら、真のダイバーシティ・インクルージョンもあり得ないと私は思う。

まとめ

◇脳には欠点だけの機能はない

◇「心の動揺」が危機回避能力を上げる

◇「懲りない繰り返し」が危機対応力を上げる

◇誰かの能力を伸ばそうと思ったら、「その能力を育てるための感性」＝欠点に見える行為をも包含して認めなければならない

4-4 ものの見方の違いから生じるストレス

「夫は、あれがない、これがない、と忙しい私を呼びつける」、「ドライブ中、妻にナビゲーションさせるとイライラする」、そんな経験はないだろうか。

これ、実は、とっさのものの見方の違いから生じる男女間ストレスなのである。

半径3メートルの内と外

脳が不安を感じたとき、男性は、空間全体を把握し、動くもの・危険なものをいち早く察知しようとする。女性は、自身の周辺や、目の前の大切な存在に意識を集中する。

狩りをしながら進化してきた男性たちは、「遠く」の「動くもの」に感度が高くないと生き残れなかったからだ。子育てを担当してきた女性の側は、自分と子の周辺を綿密に見て、針の先ほどの変化も見逃さないセンスがいる。人間の赤ちゃんは、毛皮

に覆われてはいない。生後1年も歩けない。あらゆる哺乳類の中で、最も脆弱《ぜいじゃく》な存在だからだ。だから女性は、「近く」を「綿密に」見るのである。

男女の視覚の守備範囲の境界線は、約3メートル。男性はその外側を、女性はその内側を担当している。

男女の立ち位置が、無駄なストレスを作り出す

男女で、レストランで食事をするとき、壁際の席に案内されたら、**男性は通路側に座り、女性を壁側に座らせたほうがいい**。ヨーロッパのマナー通りに。で

も、理由は、レディ・ファーストだからじゃない。

男性は、半径3メートルの外側に無意識のうちに目線を泳がせ、動くものに目線を走らせる傾向が強いからだ。お店のスタッフの動きや、向かいの客がワイングラスを傾けたしぐさなどに、いちいち目線が行く。目の前の大切な人に集中できる女性からしたら、「食事に集中していない」「自分に集中していない」と感じて不安になるからだ。せっかくのデートなのに、もったいなさすぎる。


ショールームの設計にも気をつけたほうがいい。

男性説明員が、店内を見渡せるような立ち位置で接客すると、他の客の動きに目線を取られることがあり、女性客からしたら、自分に集中していないとか、落ち着きがないように感じることがあるのだ。

目線の運び方が違うことを知らないと、男性の〝遠くをちらり〟は、集中力の欠如に見えてしまう。

ということは、女性が、男性に何かを説明するときも、立ち位置（座り位置）には気をつけたほうがいいということだ。

男性を「他者の動きが目に入る」場所に立たせると、集中力を欠いているように見えてイラッとする。「話、聞いてるの?」と確認したくなることがある。しかし、これは、濡れ衣である。

危険察知能力の高い男性脳は、目線が泳ぐのを止められない。そんな男性たちを、「他者の動きが目に入る」場所に立たせて、何かに集中させようとしないことだ。

男性脳の三次元点型認識

男性は、半径3メートルの外側、ときには何キロメートル先までもが守備範囲である。その広い範囲を瞬時にカバーするには、「綿密に見る」というわけにはいかない。あらゆる奥行きの、いくつもの点をチラチラッと見て、空間全体を把握して距離感をつかむのである。

構造物を見るときは、角や輪郭をさっと注視し、構造を理解する。テクスチャー(面の質感)を味わうのは、その後になる。

すべてを見るのではなく、かいつまんで見るわけだ。かいつまんで見るからこそ、瞬時に距離感が測れるし、ものの構造を見抜くことが得意なのである。

一方で、「あなた、あそこに、赤い缶があったでしょ？」とか「あのとき、あの人、こんなバッグを持っていたわね」には、「わからん」「見てない」と応えることが多い。女性にしてみれば、「そっけない」「とりつくしまがない」と感じて、「もうちょっと、優しい口の利き方ができないの？」となじりたくもなるのだが、そもそも見ていないので、言いようがないのである。

奥行きのあらゆる点をかいつまんで見て、空間全体を把握して距離感を測り、ものの構造を見抜く。こういうものの見方を三次元点型認識と呼ぶ。

うちの息子は、あきれるほど「目の前にあるものが見つけられない」のだが、道の距離感をつかむのは、達人なみだ。

私が助手席でグーグルナビを見ながら、「450メートル先右折って言ってるけど、どっちの信号かな」と迷ったりすると、きっぱり「一つ先のほうだね」と言ったりするのだ。

あまりにゆるぎないので、ためしに信号までの距離を口頭で言わせてみると、「200……100」というその数字が、グーグルナビの表示とぴったりなのである（！）。

この能力は、めちゃくちゃ便利なので、目の前の醤油瓶《しょうゆびん》が見つからなくたって、私もお嫁ちゃんも気にしない。むしろ、目の前にあるのにおろおろする、大きな熊みたいな彼は、お嫁ちゃんの愛情センサーを刺激するらしい。「カワイイ」と抱きしめてもらったりしている。

女性脳の二次元面型認識

一方、**女性は、見えるものの表面を面でつぶして、なめるように見る。守備範囲は狭いが、見逃すことがほとんどない。これが女性の、二次元面型認識だ。**

女同士なら、旅の途中に、「レジ脇に、赤い缶、あったでしょ」「あった、あった。あれ、チョコブラウニーよ」「買えばよかったな」「じゃぁ、戻ろうよ」みたいに盛り上がれる。

これが夫とだと、「レジ脇に、赤い缶、あったでしょ」「わからん」「あれ、気になって……」「それは何だ?」「わからないけど」「……」みたいになる。夫とは旅が盛り上がらないと、妻たちが感じる所以《ゆえん》だが、夫にしてみても、ちんぷんかんぷんなのだろうなぁ、この会話。

会話がすれ違う前に、「見ているもの」がすれ違っているのである。

男女は、究極なまでに効率的なペアの装置

夫に道を教えていて、「あなた、あの青い看板」と指さしているのに、「どこだ?」と言われて困惑することがないだろうか。

50〜60メートルの射程距離だと、とっさに、男女の見る場所が数メートル程ずれることがある。男性が向こう、女性は手前に。さらに、最初に見た場所に目当てのものがないと、男性はさらに遠くへと目線を走らせる。逆に、女性は手前に目線を走らせる。つまり、男女の目線は、けっして交わらないのである。

男女は、感覚的に道を教え合うのには、向いていないのかもしれない。

逆に言えば、究極なまでに効率的な「ペアの装置」なのだと思う。互いの守備範囲をキッパリと分け合って、無駄がない。

冷蔵庫の扉を開けた瞬間も、男女で目線の走らせ方が違う。

男性脳は、奥のほうを中心に、まばらに見ながら、危険な物をピックアップしようとしている。女性脳は、見えるものの表面をなめるように見て、目当ての物を見逃さない。

当然、「目当てのものを見つけ出す速さと確度」は、後者に軍配が上がる。その代わり、男性は「賞味期限切れの食品」を見つけ出して、家族を危険から守ってくれるのである。公平に見れば、どちらも家族の役に立っている。妻目線で見れば、「頼んだマスタードは持ってこれないくせに、賞味期限切れの海苔《のり》の瓶を持ってくるって、どんな嫌がらせ⁉︎」となるのだけれど。

男女脳論はマーケティングにも応用できる

女性は手前、男性は奥。

この話を、あるドラッグストアの店長会でしたことがある。すると、3か月後、ある店長さんから、報告をいただいた。「女性向けの商品の販促展示を、レジの後ろの棚から、レジ前に変えた。それだけで、月間40本ベースの売り上げが、300本ベースに跳ね上がった」と。

この逆もある。

美容室で、男性向けの商品を目の前に置いておいても、一向に興味を示してもらえなかったのに、棚に飾ったとたんに気づいてもらえた、というようなケースだ。

商品の飾り方、ポップやポスターなどの販促ツールの置き方も、男女でツボが違う。違うとわかれば、話は簡単である。**女性向けなら女性スタッフに、男性向けなら男性スタッフに、「目につく場所」を指摘してもらえばいい。**

男女の脳の「とっさの使い方」の違いを知ることは、コミュニケーション・ストレスの解消だけではなく、マーケティングにも有効なのである。

合コンでは、ポイントメイクがオススメ

さて、男性は三次元点型認識、すなわち**「世界を、点で見て、構造を知る」**というものの見方をする。

実は、女性を見るときも同じだ。チャームポイントが3点もあれば（たとえば、目じりが愛らしく垂れていて、唇がふっくらしていて、うなじがキレイ）、十分「美人」だと思い込める。きれいにお化粧してるけど、ほうれい線が深いわね、なんていう、水も漏らさぬものの見方をする女性脳とは、ぜんぜん違うのである。

なので、男性に見せるためにお化粧をするなら、ポイントメイクがオススメ。「見てほしい3点」だけを強調したほうがいい。目も唇もヘアも、と飾り立ててしまうと、「見てほしい3点」以外を見てしまうかもしれない。それ以前に、目線を誘う点が多すぎると、認識が上手く行われず、彼の記憶に残らない。合コンなどでは、「そんな子いたっけ？」と言われる〝忘れられちゃう女子〟になるので、気をつけて。

三点笑顔主義

点で世界を見る、という意味では、時系列の記憶もそう。

妻が、朝出かけるときに忙しそうにイライラしている、帰宅したら、たいてい子どもにガミガミ言っている、という事態だと、夫は「妻が一日中、不機嫌」だと思い込んでしまう。点と点の間を、妄想でつなげるからだ。自分の家庭が殺伐としているように感じながら、彼は一日働くことになる。

夫に、「魅力的な妻」を演じるには、たった3点でいい。**どんなにイライラしていても「おはよう」「いってらっしゃい」「おかえりなさい」だけは、平常心で言う、できれば笑顔で言う。**それだけでいい。男性は、妻が一日中、機嫌よく生きているように感じて、安心して仕事ができる。

息子も一緒である。母親が、安定した情緒で送り出し、安定した情緒で迎えてやれば、そこに「安寧に満ちた家庭がある」と信じて、勉強に専念できるのである。

男たちの脳の座標原点になる

私は、息子が高校3年のとき、受験勉強への集中力をアップさせるために、毎日、平常心で「いってらっしゃい」と「おかえりなさい」を言う、と心に決めた。

この一年は、出張するときもすべて、「いってらっしゃい」の後に着替えて出て、「おかえりなさい」の前に帰ってこられることを条件に旅程を組んだ。東京というのは便利な町で、飛行機をうまく使えば、たいていの主要都市に、この条件で出張できるのである。

あるとき、彼がバイクのツーリングに出た日に、私は札幌に出かけた。いつものように「いってらっしゃい」と送り出し、羽田から千歳《ちとせ》へ。仕事を終えて、彼の帰宅時には家にいて、「おかえりなさい」と迎えた。

しかし、一つだけ、しくじったのだ。千歳空港で、美味しそうな海鮮丼を買ったので、それをうっかりメールで知らせたのである。帰宅後、息子から叱られた。「バイクで走るとき、おいらは、家にいるハハとニャァ（我が家の愛猫）を思いながら、距離感をつかんでいるんだよ。そのハハが、頭を飛び越して、北海道にいるなんて急に言われたら、混乱する。道に迷って、散々な目に遭った」と。

男子の妄想力を甘く見ちゃいけないと思い知った。脳の仮想空間の座標原点に母親を使っているなんて、思いもよらなかった。

妻を持てば、男は、妻を原点にして動く。家にいない間も、「脳の仮想空間」に妻を住まわせているのである。

そんな彼らの脳のために、三点笑顔主義を貫いてあげてもいいのでは？　彼の脳の中の自分が、「機嫌よく、魅力的な妻」でいられるように。

ちなみに、3点以外の場所では、心の赴くままにどうぞ。

男性部下の信頼を得るコツ

なお、同じ観点を、職場にも応用できる。

女性上司が、「定点」で意欲的な前向きの表情を見せてあげると、男性部下の脳は安定する。

男性部下を育てるためには、プロジェクトのキックオフ・ミーティング、定例ミーティング、打ち上げを軽んじてはいけない。

女性ばかりのチームなら、なんとなく始められる。PTAのバザーなんて、おしゃべりをしているうちに、自然に始まって、自然に終わる。「去年、受付やったんだけどさぁ」「受付のテーブルって、ここだっけ?」「そうそう」「じゃ、運んじゃおうか」のように。

女性ばかりのチームなら、プロジェクトが完了した日に、打ち上げなんかする気はさらさらない。美容院に行ったり、久しぶりに子どもとゆっくり夕飯を食べたいからね。

しかし、**男子にとっては、点(ピリオド)が大事**。キックオフ・ミーティングで、意欲的な笑顔で「頑張ろう」と声をかけてやる。打ち上げに行って、「よくやったね」と笑顔でビールのグラスを合わせる。そんなピリオドが、「うちの上司は、意欲的で、僕を評価してくれている」という信頼を作るのである。

長いプロジェクトなら、定例ミーティングも欠かさず(そのときも前向きの笑顔をプレゼントする)、日報週報にも、ちゃんと反応してやることだ。

一見手間がかかることのようだが、その「ピリオド」が、信頼を盤石《ばんじやく》にするとわかれば、かえって効率的である。

「見てれば、わかるでしょ」がわからない

ものの見方以外にも、男女のとっさの違いがある。

とっさの所作が違うのである。

鎖骨には、①横にスライドして、腕を伸ばす機能と、②前後に回して、腕を回転させる機能がある。女性は①を優先させ、男性は②を優先させる傾向にある。

女性はものを取るとき、腕を横にすっと伸ばして、円を描くようになめらかな所作で行う。

男性は、腕を前に直線的に差し出して、つかみとるようにものを取る。

レストランで、ウェイトレスとウェイターをよく観察してみると、テーブルに対する身体の向きが違うのがわかる。男性はテーブルに正対して、グラスに向かって、まっすぐに手を差し出すことが多い。女性はテーブルに横向きに立って、グラスに向か

男女の「とっさの所作」の違い

女性は、丸く1アクション
男性は、鋭く2アクション

って、円を描くように腕を動かすことが多い。プロは、時と場合によって意図的に使い分けているので、100%というわけじゃないけれど、その傾向はある。

とっさに所作が違うと、相手の所作が認知しにくいという関係になる。

特に、女性の所作のほうがなめらかで静かなので、男性は、女性が何をしたのか、見逃すことが多い。このため、彼女が何かを手伝ってほしいことに、気づけないのである。「察して、手を差し伸べる」ことをしてくれないのは、その気がないからじゃなく、所作を見逃すからでもある。

このため、「見てれば、わかるでしょ」が、わからない関係であることも覚えておこう。

男性部下にとっては、エレガントな所作の女性上司の背中を見て学ぶのは、難しいのだ。男女の上司部下の関係では、やはり説明がいる。

「見てれば、わかるでしょ」「なんで、できないの?」といらだつ前に、ことばを添えよう。

一方、女性は、男性の直線的な所作を、攻撃的あるいは思いやりがないと感じることがあるが、これは誤解だ。

この世には16種類の身体がある

基本の所作が違う相手に、細かいやり方を強要するのは、仇になることがある。

実は、人類の骨格の動かし方については、4種類ある。これに、男女の違いを勘案すれば8種類、利き手の違いを勘案すれば16種類になる。

所作の類型については、ここでは詳しく語らないが、それぞれに、立ち上がり方、歩き方、座り方、道具の使い方の〝正論〟が違うのである。**違うタイプの上司が部下に、自分のやり方を強要すると、成果が上がらないだけでなく、身体を壊したり、危険ですらある。**

（なお、骨格の動かし方の4種類を知りたい方は、廣戸《ひろと》聡一《そういち》先生の4スタンス理論を学んでください。本もたくさん出ています）

自分と、とっさに違う行動をとる人間がいる。ことばも、ものの見方も、そして所作までも。所作に関しては、同性同士でも大きく違う場合がある。その違いが、思わぬコミュニケーション・ストレスを生み、相手を絶望させたり、危険な目に遭わせることもある。

指導する立場にある人は、それをしっかり腹に落とすべきである。

スウィングする身体、しない身体

私は、42年間、社交ダンスを愛している。

社交ダンスには、基本の10種目がある。すべて外国からやってきたダンスたちだ。ヨーロッパで生まれたボールルーム5種目（ワルツやスローフォックストロットなど）と、キューバやブラジルからやってきたラテンアメリカン5種目（ルンバ、サンバなど）。

ダンスは、民族のことばと骨格に忠実にデザインされている。私のコーチャーは、「そのダンスが生まれた国の人の言語と身体をよく観察しなさい」と教えてくれた。「イギリス人のお家芸スローフォックストロットは、踊りの流れが、英語の発音構造とよく似ている。英国留学して、英語を使い慣れると、とても踊りやすくなる」と。

かつて、「ウィンナワルツはドイツ語文化圏の選手しか勝てない」と言われた時代があった。通常のワルツの倍速のウィンナワルツは、ドイツ語の、キレのいい子音のリズムにぴったりだからだ。大学時代、ドイツ語の先生に「ドイツ語は3拍子でしゃべりなさい」と言われて、このダンス界のジンクスの理由を知った。

そして、腰をスウィングさせて（トップ選手のそれを見ると、腰が胴から外れたのかと思う！）激しく踊るラテンダンスには、骨格の違いを見せつけられる。

アフリカ系、ラテンアメリカ系の人々は、アングロサクソンやモンゴロイドに比べて、骨盤が丸く、大腿骨にかぶるようにできている。このため、腰を前後左右に動かすだけで、絶妙なスウィングとうねりが生まれるのである。ただ歩いているだけで、既にしてダンスなのだ。

日本人は、腰を前後左右に動かしても、うねったりスウィングしたりしない。スウィングは意図的に作り出すしかない。そのかわり、能のように、上半身を微動だにせず、すべるように歩くことも、直角に曲がることも得意だ。日本語は、直立不動でしゃべることもできる。

スウィングする身体を持つ人たちは、しゃべるときも身体が自然に動く。さらに、スウィングする身体で発音しやすい発音構造の言語を持っている。アフリカの言葉には、ンで始まるワードも多く、ンゴロンゴロはタンザニアの地方名。日本人には言いにくいこの名前、体をスウィングさせながら発音するとけっこう気持ちいい。

この違いを、アメリカ人の男性に話したら、こう教えてくれた（日本語で）。

――僕たちは、人種差別用語を決して口にしないように育てられた世代です。けれど、どうしたって、カラードの少年たちが、白人の少年たちの悪口を言いたいこともあれば、その逆もある。そんなとき、カラードの少年たちは、白人の少年たちを「あのスウィングもできねぇやつら」と呼び、逆は「ふらふらするやつら」と呼ぶ。エディ・マーフィやデンゼル・ワシントンのようなアフリカ系のスターたちは、スウィングをうまく使い分けているよ。カラードのファンとしゃべるときはスウィングしながらしゃべり、白人にはそれをしない。相手を安心させる術を知っているんだと思う、と。

エディ・マーフィの「大逆転」（原題："Trading Places"／1983年に公開）という映画を観ると、身体をスウィングさせながら気持ちよくしゃべるダウンタウン・ボーイの彼と、微動だにせずしゃべるエリートの彼の二通りを見ることができる。

日本人の多くは、違う民族の身体を日常に見ないで育っている。ふらふらしながらしゃべると不真面目だと感じてしまいがちだが、世界には「スウィングしない身体が奇異で威圧感を感じる」という感性もあるのだ。人種ミックスの国の人々は、それを知っていて、コミュニケーションの際に、うまく使い分けている。

私たちが思い込んでいるより、世界はもう少し複雑らしい。そう知って、「違う感性」を慮《おもんぱか》ってみるだけでも、世界は身近になると思う。そして、永遠と思われた男女のミゾも、ひょいと跨ぎ越すことができるのに違いない。

まとめ

◇男性脳は、三次元点型認識
◇女性脳は、二次元面型認識
◇「とっさに見る場所」の違いは、マーケティングにも応用できる
◇三点笑顔主義で、男性脳を安定させる
◇男性部下の信頼を得るには、定点（キックオフ・ミーティング、定例ミーティング、日報週報、打ち上げ）を軽んじない
◇自分と、とっさに違う行動をとる人間がいる、ということを肝に銘じる

第5章

共感障害

——新たなコミュニケーション・ストレスの火種

最近、男女間のそれをはるかに凌駕《りょうが》するコミュニケーション・ストレスが社会の各所で発生し始めている。

1996年生まれ以降の世代で、男女関係なく「共感障害」を持つ若者が増えている。ミラーニューロン不活性型の、他者にうまく共鳴できない若者たちである。

コミュニケーションのもう一つの要、共鳴動作

ことばがコミュニケーションの要であることは、誰も否定しないだろう。しかし、もう一つの大事な要があることを意識している人は少ない。表情や所作、息遣い。いわゆるボディランゲージである。

人間は、自然に、話し相手の表情や所作に共鳴して、連動する。相手が満面の笑みをたたえれば、つい笑顔になる。うなずけば、うなずき返す。リラックスすれば、リラックスし、緊張すれば緊張する。

それがうまくいく間柄では、息遣い（吸って吐く、止める）までが連動している。「息が合うふたり」というのは、まさに、そのままの意味なのである。

社交ダンスのペアは、呼吸を合わせている。呼吸が合わないと、相手のリードがわからない。意図が伝わらないのである。しかしながら、ダンサーたちは、「呼吸を合わせよう」と格別努力はしていない。組む前に、顔を見合わせ、相手の腕を広げるしぐさに連動すれば、自然に呼吸が合ってしまうからだ。

身体の共鳴は、意図を伝え合う大事な要素なのである。

相手が理解したのか、理解が不十分なのか。意欲的なのか、戸惑いがあるのか。興味があるのか、ないのか。楽しんでいるのか、いないのか。それらの情報を、私たちは、相手の表情や所作、息遣いで知る。自分のそれとの一致具合、あるいはズレ具合で。

所作や息遣いがズレたらダメという話じゃない。**ズレることも大事な伝達手段だ。**

相手の話に戸惑ったら、自然に共鳴動作はズレはじめる。相手はそれを悟って、話のスピードを落としたり、主張をゆるめたり、ときには「何か気になることでもある?」と、意見を聞いてくれたりする。

問題は、そもそも最初から「表情や所作、息遣い」による共鳴動作がない、ということなのだ。

共鳴動作が成立しないと、信頼関係が築けない

共鳴動作が成立しない対話では、信頼関係は生まれない。

共鳴動作ができない人は、世の中とうまく折り合えないのである。本人は、生きることがつらい。一方で、共鳴動作がうまくできない人の周囲もまた、多大なストレスを抱えることになる。

昔から、周囲と折り合えない＝共鳴動作がうまくできない人間はいたのだが、少数派だった。人づきあいは下手だけど、腕がいい職人やエンジニア、クリエイターとして活躍する道を選ぶことが多かったし、周囲も「個性」として容認してきた。

しかし、今、その数がマジョリティになろうかという世代が、着々と大人になりつつある。人事部門では、ほどなく、男女間ストレスよりも、大きな問題になるかもしれない。

この章では、脳にとって共鳴動作とは何か、それが欠けると、どのようなコミュニケーション・ストレスを起こすのかについて語ろうと思う。

コミュニケーション力の成長を促すミラーニューロン

私たちの脳には、目の前の人の表情や所作を、自分の神経系に、鏡に映すように写し取ってしまう能力がある。ミラーニューロンと呼ばれる神経細胞によってもたらされる機能である。

赤ちゃんに手を振ると、手を振り返してくれる。あれは、見たままを真似したわけじゃない。見たように振ったのならば、てのひらが自分のほうを向くからだ。相手のてのひらは、自分の方を向いているので。

実は、ミラーニューロンがうまく機能しない自閉症の子の中には、「逆手バイバイ」といって、手の甲を相手に向けて振る傾向がみられる。

赤ちゃんが、てのひらを相手に向けられるということは、相手の所作を、まるっと自分の神経系に置き換えたということ。ミラーニューロンがうまく機能している証拠である。

赤ちゃんは、このミラーニューロンを使って、ことばを獲得したり、人とコミュニケーションするすべを学ぶ。目の前の人の、口腔《こうくう》周辺の骨や筋肉の動きをそのまま写し取るようにして発音につなげていき、同時に「うなずく」「微笑む」「連動する」などのコミュニケーションの所作も自然に身につけていく。

赤ちゃんの共鳴力は人生最大

赤ちゃんの脳は、大人の何倍もミラーニューロン効果が高い。母親が悲しい顔をすれば泣き、母親が笑えば笑う。「クリスマスツリーのライトの点滅に合わせて、口をぱくぱくさせる」「ゾウを見て、おー、と口を大きく使う」など、周囲の物理現象さえも「口の動き」「所作」に反映させるほどの鋭敏さだ。人間の子は、このように「現象を口で表現したい」という本能があるから、ことばを獲得していけるのである。

ちなみに、人間が口で模倣したい生き物であることは、かのソクラテスも指摘して

いる。「クラテュロス――名前の正しさについて」（プラトン著）の中に残された、下記の言明として。

――我々が音声を持たない民族だったとしたら、他者に「空に浮かぶもの」を伝えたいとき、手を空に向けないか？　動物ならば、その所作を真似するだろう。我々は、自然に表現したい事象を真似るではないか。しかも、我々は、現実には身体ではなく、音声と舌と口で表現することを欲するのだ。（『プラトン全集2』「クラテュロス」――水地宗明訳、岩波書店――より抜粋）

共鳴力は低下して、適正化する

しかしながら、赤ちゃん並みに周囲の現象にいちいち共鳴するのでは、行動範囲が広がるとかなり生きづらい。このため、脳の共鳴力は、生まれた瞬間が最も高く、歩き始めるとするすると低下し、2歳半を過ぎたころには、かなり低くなっている。

共鳴力の低下は、「周囲の現象」と「自分」を切り分けることでもあり、すなわち、自我の目覚めだ。赤ちゃんは、ある時期から、「おもちゃを投げて、親に取らせて、また投げる」とか「ミルクのコップを倒す」とか「ティッシュを引き出し続ける」などの実験（地球がどういう星かを探る大いなる実験）を繰り返すが、これは「自分のしたこと」が「周囲に及ぼす影響」を面白がっているのである。

親たちが「おいた」と呼んで辟易《へきえき》するこれらの**「地球実験」**が始まるころには、ミラーニューロン効果は、赤ちゃん期に比べて、かなり低下しているとみていい。母親からすれば、自分の一部のようだった赤ちゃんが、したいことを主張し始め、個性が際立ってきて、一人の人間に変わる瞬間だ。あやせばごまかせる時期を過ぎるので手を焼き、反抗期などと呼んだりするが、私はそのことばが好きじゃない。地球実験期と呼んでいる。

3歳までに、コミュニケーション能力が決まる

脳の共鳴力は、低下して安定する。すなわち、余分なミラーニューロンを無力化して、大事なミラーニューロンだけを残す。言語能力の発達のようすから、3歳までに、それが行われるとみていい。

2歳半くらいまでは、子どもは、さまざまな言語の母音を、その言語を母語とする人が目の前で発音してやれば、その通りに発音できるからだ。2歳半を過ぎると、母語に特化した発音をするようになる。「とっさに使う母音」が確定したところから、脳内では、言語の記号化が始まり、思考が重ねられるようになる。言語が「真似」から、「思考とコミュニケーションの道具」に変わるのだ。

3歳が、ミラーニューロン適正化の臨界期だとすると、それまでに、残すべきミラ

ーニューロンを確定してやらなければならない。**つまり、周囲の大人と共鳴し合う経験を重ねて、ことばとコミュニケーションの基本動作を身につけなければならないと**いうことになる。

微笑みかける、話しかける、あやす、手遊びをする、いないいないばぁをする、絵本の読み聞かせをする。昔から親や保育者たちがやってきたこれらの行為が、「人と人が触れ合うために残すべき共鳴動作」とは何かを、子の脳に知らせてきたのである。

三つ子の魂、百までも

余談になるが、この本は、働く母親たちも多く読むと思うので、「三歳児神話」の話もしておこう。

3歳までに、「思考とコミュニケーション」の基礎が出来上がる。昔から「三つ子の魂、百までも」と言われた。そのことは、21世紀科学的にも真実である。

しかし、**「母親は、子どもが3歳になるまで家にいなければならない」**という〝三歳児神話〟には賛成できない。

私は、男女雇用機会均等法〝前夜〟世代だ。均等法施行前に就職し、世の中の男女共同参画のインフラが整うか整わないかの瀬戸際で、働く母親となった。

私が子どもを産んだ1991年は、やっと1年間の育児休業制度が確立したころだ。それでも、1年間まるまる休む人は、ほとんどいなかった。私は、息子の生後4か月で職場復帰したが、それでも、少し先輩たち（生後8週間の休みしか取れなかった世代）からは、羨ましがられたくらいである。

この時代、三歳神話が、働く母親たちを苦しめた。「母親は家にいるもんだ。あきれたな」は当たり前。「乳飲み子を置いて働くなんて、あなたの子はきっと犯罪者になる」と面と向かって言われたこともある。

朝、心を鬼にして泣く子を置いて、本人も泣きながら出社してきている、おっぱいが張って、それをそっと会社のトイレで搾っている若い母親に、本当によくそんなことが言えたもんだと思う。

私は、もっと大人になれば、そのことばの意味がわかるかと思ったけれど、60代になった今でも、そのことばは残酷で非道だと思う。しかも、その発言は間違っている。

なぜならば、働きたい母親を家に閉じ込めて、その母親が気鬱《きうつ》になってしまったら、傍にいる意味がないからだ。

本当の三歳児神話

3歳までに大事なのは、共鳴動作の獲得だ。母親が、豊かな表情と所作で、子どもに接することが大事なのである。一日家にいて気が滅入って、乏しい表情とことばで接するくらいなら、日中、社会に求められた才覚を発揮して、イキイキとした気持ちで家に帰ってきて、密度の濃い母子時間を過ごしたほうが、子どもへの情報量は圧倒的に多い。母親が留守の間、子どもは保育士や保育園の子どもたちと、豊かな共鳴動作の機会を得ているのだし。

私は、一緒にいる総時間が少ない分、息子との時間を、本当に密度濃く過ごした。授乳時間に、彼から一瞬たりとも意識を離したことはない。離乳食を与えるときも、「お口に合うかしら」なんて、恋人同士のように接していた。

また、授乳の際には、彼の口角筋が三次元方向に縦横無尽に動いているので、ことばの獲得のチャンスだとみて、「美しい日本語の音韻」を口にすることを心がけた。小学唱歌を歌うことで、日本語のさまざまな音韻列を経験させたのだ。

結果、息子は、驚くほど早くことばを話しはじめ、大人になって妻帯している今では、こんな研究をしている母親も舌を巻くコミュニケーションの達人である。今のところ、犯罪者になる片鱗《へんりん》も見当たらない。

現在の働く若い母親たちは、こんな目には遭っていないと信じたいが、なにせ姑《しゅうとめ》世代が、まだ私の世代にあたる。自らが、育児のために仕事をあきらめた母親や姑なら、三歳児神話を持ち出しかねない。

もしも、三歳児神話を持ち出されたら、胸を張ってこう言えばいい。**本当の三歳児**

神話は、「3歳までは、母親がイキイキしていることが何より大事」なのだと。もちろん、家にいて赤ちゃんの傍にいるのが幸せな人は、迷わずそうすればいい。社会に求められている才覚があって、それを発揮したほうが充実した気持ちになれるのなら、そうすればいい。たまに遊びたいのなら、それもいいと思う。

スマホ授乳はほどほどに

ただし、若い母親たちに、警告したいことが一つだけある。

スマホ授乳はやめてほしい。

3歳までの脳にとってより深刻なのは、表情が乏しい母親よりも、顔を背ける母親である。

母親が携帯端末に夢中になって、そっぽを向くと、赤ちゃんもあらぬほうを向く。**母親の表情が見えず、ことばがけもしてもらえない赤ちゃんは、「残すべき共鳴機能」を獲得するチャンスを失ってしまうのである。**

授乳だけがそのチャンスじゃないが、授乳が絶好のチャンスであることには間違いがない。「たまのちょこっと」にまで、私は口を出す気はないが、「授乳中はおとなしいのでスマホに専念できる時間」と思っているなら、それは考え直したほうがいい。母乳や哺乳瓶からのミルクを飲んでいるとき、赤ちゃんは、口腔周辺の筋肉を微細に使っている。そのとき、母親（正確にはおっぱいを与えている者）が話しかけたり、微笑みかけたりしてくれたら、赤ちゃんは、自分の神経系に伝えやすい。

また、赤ちゃんに顔を向け、意識を向けて授乳していると、母親の側にもオキシトシンと呼ばれる愛着を作り出すホルモンの分泌が促進される。

赤ちゃんに顔を向けることは、人類にとって、意外に重要なことだったのである。

ある助産師さんは、こう語った。「30年前、私が助産院を始めたころ、母子が目を合わさない授乳は見たことがなかった。今や、おっぱいが出ない、うまく飲んでくれないという相談にいらっしゃるケースの赤ちゃんの多くが、そっぽを向いている。その風景は、寒々と悲しいものです」と。

小児歯科では、スマホ授乳を警告するポスターも作っているという。「そっぽを向く授乳」では乳首をまっすぐに吸わないので、歯並びやあごの発達に問題が出てくるのだそうだ。

現代社会に必要なのは、古臭い三歳児神話などではなく、「スマホ授乳はほどほどに」という注意喚起なのかもしれない。

子育てに後悔は要らない

まぁしかし、読者の中に、そう育ててしまったという人がいても、後悔はしなくていい。

私は子育てに後悔は要らないと思っている。

「共鳴が微弱な人類」は、共鳴動作とは別の情報を交換し合えるのかもしれない。今はマイノリティなので生きにくいが、比率が増えてくれれば、もう少し生きやすくなる。もしかすると、やがてそういう人間が必要となる地球環境が待っているのかもしれない。私は、ヒトの脳の潜在力を信じている。**人類が自然にしてしまう営みには、きっと何か意味があると思っている。**

共鳴動作が弱い世代

さて、1996年、たまごっちが流行《はや》り、翌年、携帯メールサービスが始まった。

このころから、人類は、「目を合わせない授乳」の道を歩き始めたようである。

2000年代に入り、小学校では、「1年生が手を上げない」ことが話題になったという。1年生といえば、昔は、「1年生の皆さん」「はーい!」、「チューリップ班の皆さん」「はい! はい! はい!」と反応するのが当たり前だったのに。

あるいは、ラジオ体操が覚えられないことも話題になった。「ラジオ体操を覚える」が宿題になる学校も出てきた。従来、ラジオ体操は、覚えるというより、真似をするものだった。目の前の先生のお手本を見れば、なんとなくできるのがラジオ体操だったのに。

どちらも、集団全体の共鳴動作が弱いことを表している。

そしてとうとう、「共鳴しない若者」が社会に出てきた。ここ1～2年、多くの企業や官公庁で、人事担当者の「新人教育がつらい」というため息が聞こえるようになった。新人たちが反応しない。それほど興味もないテレビ番組を眺めるかのように、そこに座っている。反応しない何十人もを相手に、何かを教えるのは、心が折れそうになる、と。

一人一人を丁寧に見れば、共鳴能力がある若者も過半数いるのである。しかし、**集団の共鳴動作は、無反応の人間が約3割を超えると、著しく下がってしまう。**周りに反応しない人間がいると、反応できる人間が遠慮してしまうからだ。

話、聞いてるの？　やる気あるの？

人の話を、共鳴しない（うなずかない、表情を変えない、呼吸を合わせない）で聞く。本来ならば、「納得できないとき」の態度である。

部下がそういう態度をとれば、上司は「話聞いてるのか」「何か、言いたいことがあるのか」などと聞くことになる。

本人が意図的にその態度をとっているのなら、言われたことに心当たりがあるので、反応のしようがある。あやまるのか、これをチャンスに不満を表明するのか……。

しかし、まったく心覚えがないのに、このセリフを言われると、人はきょとんとしてしまうしかない。なぜ、そんないちゃもんをつけられるのか理解に苦しむ。

反応しないから「話聞いてるの？」と問いただしたのに、さらに何の反応もなくスルーされた上司は、「やる気あるの？」と再び問いただすことになる。

これもまた、言われた側はちんぷんかんぷんだ。やる気があるから会社に来て、こうして上司の話を聞いているのに、なぜ改めてそんなことを聞かれるのか……どう答えればいいものやら、さっぱりわからない。

こんな答えようのないくだらない質問をしてくるなんて、上司はバカなのだろうか。あるいは、セクハラではないかと疑い始める。

パワハラだと思い込む

共鳴しない人間は、存在感が薄いので、人に意見を聞かれることがほとんどない。「○○くん、どう思う？」「昼、一緒にどう？」などと、自分の両側の新人が声をかけられるのに、自分は無視される。

さらに、共鳴できない人間は、「他者の動き」が脳に写し取れないので、気が利かない。会議後に「先輩がお茶碗を片付けている」のに気づいて、僕がやります、と立ち上がる、なんてことは、ほぼ不可能に近い。先輩が動いているのが網膜には映ってはいるけれど、車窓の風景のように、ぼんやりと見ているだけだからだ。

当然、「きみは、なぜ、やらないの？」と言われることになるのだが、この質問も不思議でしょうがない。「誰か、僕にやれって言いましたか？」と質問に質問で返す羽目になる。

「やれとは言われてない」「誰も教えてくれなかった」を多発する部下がいたら、共鳴力が弱い、共感障害を持つ若者だと思ったほうがいい。

彼ら彼女らにしてみたら、いちゃもんをつけられ、存在を無視される日々である。自分はパワーハラスメントを受けているに違いないと思い込み、実際にそれを人事部に申告するケースも発生している。

共感障害の部下を持ったら

今後、「話、聞いてるの」「やる気あるのか」「なぜ、やらない（できない）」は、学校や職場の禁止用語にしておいたほうがいい。

やる気がないとか反抗している子には意味があるが、共鳴できない子にとっては嫌がらせ以外の何ものでもない。言っても甲斐がないどころか、バカな上司だとか、パワハラだと思われるのが関の山だ。

反応の薄い子は、認知力も薄い。十を聞いて、やっと一を知る。「当然、できるだろう」は期待できないので、やるべきことは、かんでふくめるように、何度も言う必要がある。ただし、腹に落ちさえすれば、きちんとできる。

自分が共感障害かも、と思ったら

「どうして、やらないの（できないの）？」と叱られたら、「**気が利かなくて、すみません**」とあやまろう。

「どうして、やらないの？」は、「気が利かない。当然、何も言われなくてもやるべきだった」の意味なのだから。

そして、「**どうすればよかったのですか**」と率直に質問して、以後気をつけよう。

コミュニケーションを学ぶ時代がやってきた

社会の多様化が進み、環境や育ちや生活習慣が違う者が入り混じるようになれば、暗黙の了解は期待されないようになる。おそらく、「話、聞いてるの？」「やる気あるのか？」「なぜ、やらない（できない）？」は死語になっていくだろう。

共鳴動作が弱いことは、今は「共感障害」だけれども、やがて、個性の一つとして当たり前のことになり、ストレスを生まなくなってくるかもしれない。

しかしながら、社会の多様化が進めば、言語コミュニケーションに母語ばかりが使えるわけじゃない。ことばの「行間」に「思い」をこめることが難しくなれば、表情、所作、呼吸の共鳴は、いっそう大事なコミュニケーション・ファクターになる。

共感障害でありながら、そうと知らずに生きることは、今のところ、かなり不利である。同様に、共感障害を呈する人がいることを知らずに人の上に立つのは、かなり危険なことだ。

コミュニケーションは、やはり学ぶ時代に入ったのだと痛感せざるを得ない。

コミュニケーション・サイエンスの扉

私自身は、人工知能の開発のために、コミュニケーション・サイエンス human communication science の扉を開いた。のちに、コミュニケーションの仕組みは、生身の人間にも有用だと感じ、人類にフィードバックすべきだと考えて、こうして本を書いている。

男女や多民族が混じり合って働き、母子が目の合わない授乳をし始めた21世紀。私は、その善し悪しをうんぬんするつもりはまったくない。ただ、その時代に合った知恵が必要だと思えるだけだ。

コミュニケーション・サイエンス human communication science の扉は、まだ開いたばかり。

先週はある熟年紳士に、「女は、生まれつき女なのではない。女として育てられるから女なのだ。本来は男と同じようにできるんだよ」と励まされた。フランスの女性作家で哲学者のボーヴォワールが、１９４９年に著書『第二の性』で語った有名なことば「人は女に生まれるわけではない。女になるのだ」を引用していらっしゃるのだろう。その方は、「僕は女性の理解者ですよ」という文脈で、それをおっしゃった。本来ならば、男と同じように素晴らしい脳を持っているのを知ってますよ、と。

女性の感性が、男性のそれとは違った素晴らしさを持っているということを知らないのだ。しかし、男性ばかりを責められない。女性の中にも、「女の脳と言われるなんて心外だ」と憤慨なさる方も多い。

世界中で、脳の感性特性の正解は、なぜか一つだと思われているのである。おそらく「教養のある家庭で育った、高学歴の白人男性」がお手本で、それ以外は「欠けている」とされ、特に女性の感性は蔑視されているのが、いまだ2020年の現実なのである。

ボーヴォワールは、女性＝〝男に従属する存在〟だった時代に生きた人だ。「私たちは、男に従属する存在として生まれてくるわけじゃない」という意図で、男女は違わないと声高に言わなくてはならなかった世代である。

しかしもう、女性は女性であることを謳歌《おうか》しつつ、男性は男性であることを謳歌しつつ、ゲイはゲイであることを謳歌しつつ、生きてもいい時代なのでは？

今は、それぞれが違っていて、だからこそ素晴らしいことを、穏やかに語り合っていいはずだ。

脳の作り自体に男女差はないが、「とっさに使う」機能の選択の初期設定が違う。

その違いこそが、人類が生き残る基本のキである。私は、30年前にそのことに気づき、「脳の感性特性」の違いを敬愛し合える社会を目指した。

たった一人で、大きな大きな扉を押したのである。

30年経った今、ほんのわずかに開かれているものの、「男女が違うと言うなんて、非科学的で、反社会的だ」という強い風に押し返されているのも現実だ。

この扉を、けっして閉じない。それが私の覚悟であり、生涯の使命である。

誰もが、その脳の感性の赴くままに幸せになる権利がある。誰かが正しく、誰かが間違っているわけじゃない。けれど、感性の違う者同士が幸せになるためには知恵がいる。

この本が、コミュニケーション・サイエンスの扉の〝ドア・ストッパー〟となって、多くの21世紀人類に、優しい相互理解の風が吹きますように。そう願ってやまない。

まとめ

◇共鳴動作（表情、所作、息遣いの連動）はコミュニケーションの要
◇共鳴動作が弱い若者が増えている
◇共鳴動作が弱いと、話を聞いていないように見え、存在を無視されがち
◇「話、聞いてるの」「やる気あるの」「なぜ、やらないんだ」は禁句にすべき
◇「なぜ、やらない？」と責められたら、「気が利かなくてすみません」とあやまろう
◇コミュニケーション・サイエンスの扉を開けよう

おわりに　――21世紀人類の必須科目

コミュニケーションは、学ばなければわからない。

なぜ今の今まで、こんな大事なことが、義務教育の教科書に載らなかったのだろう。

私たちは何万年もかけて違ってきたのに、ここ千年は確実に真っ二つなのに（『源氏物語』を読んでみればいい）、なぜ、男女関係を真面目に科学にする動きがなかったのだろうか。

おそらく、何万年もそれでよかったのだ――１９８５年までは。

男女雇用機会均等法制定までは、職場でも家庭でも、男女の棲み分けがしっかりしていた。男女間の自由意志コミュニケーションは、ほぼほぼ恋愛のそれに限られていた。今の若者には信じられないだろうが、1980年代までは、「男女間の友情」は信じられていなかったのである。結婚すれば、夫と妻の役割も、口の利き方も決まっていた。

今は、男女が混ざり合って、仕事も家事もモザイクのように分け合って暮らしている。仲間として、手を携えることも多い。そんな今だからこそ、コミュニケーションの基本を知らなければ危ないのである。

もちろん、脳は、日本製の工業生産品じゃないので、個人差はある。一般の男女と真逆のストレスモデルになるカップルだっているだろう。「自分は、典型的な女性脳(男性脳)じゃなさそう」と感じる方には、自分たちの回答を見つけてもらわなきゃならない。

ただし、その場合にも、必ずヒントが見つかる。

「自分は男性脳型だと思っていたけれど、この理論を勉強してみて、とっさの大事なときにはやはり女性脳が発動していることに気づいた」と言うキャリア系女子は多い。もちろん、これが、21世紀初頭のキャリアウーマンの、最も正しい脳の使い方である。

20世紀に確立した産業構造は、問題点の発見と、すばやい問題解決を基軸にしている。本編で詳しく述べたが、これは、男性脳が得意とする脳の使い方だ。女性といえども、産業構造に与《くみ》する以上、男性脳型でなければ生き残れない。

しかし、現実のブレークスルーにおいては、ときに多様なものの見方や、新機軸の発想が必要になってくる。そんなとき、しなやかに女性脳を発動させる。そういう女性たちが、ミレニアムイヤーの2000年から21世紀初頭に活躍したのである。

今、時代は、もう一歩先へ行こうとしている。ＡＩ時代には、問題点の発見と問題解決はＡＩが代替してくれる。人間の仕事は、多様性や新機軸の発見へとシフトしてくる。そうなると、女性はもっと女性脳を解放できるはずだ。男性たちも、同僚の女性脳をうまく使って、組織全体の多様性を上げたほうが得策だ。

とはいえ、男性たちががっかりすることはない。産業社会は、ひどく男性脳に偏った場所から始まっているから、時代の多様性ニーズに対して、今は女性脳がちやほやされすぎているきらいがあるけれど、元来、男性脳型の創造性は、この世界には欠かせない。男性の読者は、男性脳のちからもまた、多様性の一翼を担っていることを覚えておいてほしい。時代は、女性の味方をしているわけじゃないのだ。今は「ゆり戻し」期間中なのである。

逆に言えば、女性たちは、自分たちが素直に女性脳を使う以上、男性たちもまた素直に男性脳を使っていいことを知っておかなければならない。

男女は、無邪気にストレスゼロにはなれない関係だ。頭を使って、ストレス・イーブン（ストレスを分け合う）を達成したとき、互いの総ストレスが最少になる。**相手に譲ることを知っている者だけが、最高の成果を手に入れる。**大昔から逸話やファンタジーで語られてきた「お金」や「幸福」の法則にも似たそれが、ここにもあるのである。

ストレス・イーブンの法則を知っている者だけが、この世が思い通りになる。

男女が入り混じって暮らす21世紀に、この英知がなくて、どうして人は幸せになれるのだろう。

私事だが、この場を借りて、新しい研究分野の誕生を宣言したい。

このコミュニケーション論は、人工知能の研究の一環から始まった。

私は、人工知能に、ヒトの感性（「とっさの言動」「とっさの快・不快」の構造）を教えるために、ヒトの脳をシステム論で追究してきた。ヒトの脳を装置として見立て、その装置が進化してきた過程と組み合わせて、「なぜ、ヒトが（男が）（女が）、それをしてしまうのか、それを快（不快）だと思うのか」を分析してきたのである。

脳生理学や心理学のアプローチとは異なり、「境界線の見極め」や「障害の治療」をその目的としていない。「多くの男性（女性）が、とっさにしてしまうこと、感じること」をポジティブに類型化している。

この研究を、私は、30年前、たったひとりで始めた。当時、私の周辺にいた人工知能研究者は、脳生理学や心理学のアプローチを踏襲《とうしゅう》していったからだ。

脳生理学とはまったく違う、「ポジティブかつドラスティックに、脳の神経回路構造を類型化するシステム論」に、私は「脳科学（Brain Science）」ということばを与えた。

しかし、そのことばが一般化すると共に、なぜか脳生理学の先生たちが、このことばを使うようになり、脳科学は、脳生理学の一環で、医学の専門家によって語られるべきものとされるようになった。私にしてみれば、ことばを狩られた気分だが、そんなこと言ってもしょうがない。一般の方が、「脳科学」は医者に語ってもらいたいと感じるのなら、このことばは、医者のものである。

結果、私の研究分野は「名無し」になった。

私は今、この本を出すにあたって、私の研究分野に名称を与える責任を強く感じている。この教科書を使って、感性コミュニケーション論をこの世に広げたいと思ってくださる方のために（きっといてくださるだろうと信じて）。

そこで、私の研究分野に、新しい名前を与えることにした。その名も、**ブレイン・**

サイバネティクス（Brain Cybernetics）である。

サイバネティクスは、サイバーの語源である。生物学と工学を統一する概念を示すワードだ。1948年、アメリカの情報理論の大家であるノーバート・ウィーナー（Norbert Wiener）によって、生物の仕組みと機械制御の仕組みの類似性を追究することで、相互の研究領域に恩恵をもたらす概念として生み出された。

私は、脳をＡＩ工学視点で追究することで、ヒューマン・コミュニケーションの仕組みを解明してきた。大きくサイバネティクスの範囲にあるものと判断し、この名称を思いついた。

ヒトの感性に精通したＡＩを作ることもその目的の一つだが、その理論を人類にフィードバックして、社会に貢献するのも、この研究分野の大事な目的の一つである。

今後、私の専門分野は、脳科学ではなくブレイン・サイバネティクスとなる。ときには、ブレイン・サイバー学ということばを使うかもしれない。いつか、このことばに出逢ったら、ぜひ、この本のことを思い出してほしい。

「ブレイン・サイバネティクス」は、たった今、この本の刊行と共に産声を上げたのだから。

この熱い一冊を、じっと見守ってくださり、最高の理解をくださったＰＨＰ研究所の西村健氏に、心から感謝します。

また、人情の機微たっぷりのチャーミングなイラストで、私の文章に寄り添い、わかりにくい概念も「心でつかめる納得」にかえてくださった、イラストレーターの大高郁子氏にも、心からの感謝を。

最後に一言。

子どものいる夫婦のコミュニケーションがうまくいけば、少子化も緩和するのでは？　共働きの夫婦には、「夫がひどすぎて、〝もう一人〟は絶対無理」という女性がたくさんいる。「会社の制度は手厚いのだけど」と。

しかし、その「夫がひどい」がまた誤解なのである。

コミュニケーション・サイエンスは人類を救う。私は、本気でそう信じている。

この本が時代に寄り添い、世界中の男女の懸け橋となって、人類の新しいフレームワークの一助になることを願ってやまない。
でも、なによりもまず、この本を手に取ってくださった、あなたの一助になれますように。あなたのストレスが、ほんの少しでも軽くなれば、本望である。

二〇二〇年三月、春が来た日に

黒川伊保子

PHP新書
PHP INTERFACE
https://www.php.co.jp/

黒川伊保子［くろかわ・いほこ］

(株)感性リサーチ代表取締役社長。1983年奈良女子大学理学部物理学科を卒業。コンピュータ・メーカーに就職し、人工知能(AI)エンジニアを経て、2003年より現職。大塚製薬「SoyJoy」のネーミングなど、多くの商品名の感性分析に貢献。また男女の脳の「とっさの使い方」の違いを発見、その研究成果を元にベストセラー『妻のトリセツ』『夫のトリセツ』(以上、講談社＋α新書)などの著作を発表。
著書に『女の機嫌の直し方』(集英社インターナショナル新書)、『恋愛脳』『成熟脳』(以上、新潮文庫)など。

イラストレーション　大高郁子

コミュニケーション・ストレス

(PHP新書 1222)

男女のミゾを科学する

二〇二〇年四月二十八日　第一版第一刷

著者――黒川伊保子
発行者――後藤淳一
発行所――株式会社PHP研究所
東京本部――〒135-8137 江東区豊洲5-6-52
第一制作部PHP新書課 ☎03-3520-9615(編集)
普及部 ☎03-3520-9630(販売)
京都本部――〒601-8411 京都市南区西九条北ノ内町11
組版――アイムデザイン株式会社
装幀者――芦澤泰偉＋児崎雅淑
印刷所
製本所――図書印刷株式会社

ISBN978-4-569-84672-9

ＰＨＰ新書刊行にあたって

「繁栄を通じて平和と幸福を」(PEACE and HAPPINESS through PROSPERITY)の願いのもと、ＰＨＰ研究所が創設されて今年で五十周年を迎えます。その歩みは、日本人が先の戦争を乗り越え、並々ならぬ努力を続けて、今日の繁栄を築き上げてきた軌跡に重なります。

しかし、平和で豊かな生活を手にした現在、多くの日本人は、自分が何のために生きているのか、どのように生きていきたいのかを、見失いつつあるように思われます。そして、その間にも、日本国内や世界のみならず地球規模での大きな変化が日々生起し、解決すべき問題となって私たちのもとに押し寄せてきます。

このような時代に人生の確かな価値を見出し、生きる喜びに満ちあふれた社会を実現するために、いま何が求められているのでしょうか。それは、先達が培ってきた知恵を紡ぎ直すこと、その上で自分たち一人一人がおかれた現実と進むべき未来について丹念に考えていくこと以外にはありません。

その営みは、単なる知識に終わらない深い思索へ、そしてよく生きるための哲学への旅でもあります。弊所が創設五十周年を迎えましたのを機に、ＰＨＰ新書を創刊し、この新たな旅を読者と共に歩んでいきたいと思っています。多くの読者の共感と支援を心よりお願いいたします。

一九九六年十月

ＰＨＰ研究所

PHP新書

［知的技術］

［心理・精神医学］

053 カウンセリング心理学入門　國分康孝
103 生きていくことの意味　諸富祥彦
171 学ぶ意欲の心理学　市川伸一
304 パーソナリティ障害　岡田尊司
364 子どもの「心の病」を知る　岡田尊司
381 言いたいことが言えない人　加藤諦三
453 だれにでも「いい顔」をしてしまう人　加藤諦三
487 なぜ自信が持てないのか　根本橘夫
550 「うつ」になりやすい人　加藤諦三
583 だましの手口　西田公昭
695 大人のための精神分析入門　妙木浩之
697 統合失調症　岡田尊司
796 老後のイライラを捨てる技術　保坂 隆
825 事故がなくならない理由《わけ》　芳賀 繁
862 働く人のための精神医学　岡田尊司
867 「自分はこんなもんじゃない」の心理　榎本博明
895 他人を攻撃せずにはいられない人　片田珠美
910 がんばっているのに愛されない人　加藤諦三
918 「うつ」だと感じたら他人に甘えなさい　和田秀樹
942 話が長くなるお年寄りには理由《わけ》がある　増井幸恵
952 プライドが高くて迷惑な人　片田珠美
953 なぜ皮膚はかゆくなるのか　菊池 新
956 最新版「うつ」を治す　大野 裕
977 悩まずにはいられない人　加藤諦三
992 高学歴なのになぜ人とうまくいかないのか　加藤俊徳
1063 すぐ感情的になる人　片田珠美
1091 「損」を恐れるから失敗する　和田秀樹
1094 子どものための発達トレーニング　岡田尊司
1131 愛とためらいの哲学　岸見一郎
1195 子どもを攻撃せずにはいられない親　片田珠美
1205 どんなことからも立ち直れる人　加藤諦三

［宗教］

123 お葬式をどうするか　ひろさちや
300 梅原猛の『歎異抄』入門　梅原 猛
849 禅が教える 人生の答え　枡野俊明
868 あなたのお墓は誰が守るのか　枡野俊明
955 どうせ死ぬのになぜ生きるのか　名越康文